W. Gitt u.a.

Schritte ins Leben

clv

Christliche
Literatur-Verbreitung e.V.
Postfach 1803 · 4800 Bielefeld 1

Postfach 1803 · 4800 Bielefeld 1
Gesamtherstellung: Druckhaus Gummersbach

ISBN 3-89397-134-3

Inhaltsverzeichnis

Zu allererst ...

Das Jahr hat zwölf Monate, das Zifferblatt der Uhr umfaßt zwölf Stunden, und dieses Buch enthält zwölf kurze Geschichten, die zum Denken anregen wollen. Es entstand aus dem Wunsch, dem gleichnamigen Posterkalender Texte hinzuzufügen.

So enthält diese Schrift Ausschnitte der zwölf Kalenderbilder, denen ebensoviele Nachdenkgeschichten, die vom Kalender-Team des Verlages CLV verfaßt wurden, zugeordnet sind. Hinzugefügt wurden Auszüge bereits veröffentlichter Texte aus eigenen Büchern oder Zeitschriftenartikeln als Ergänzung bzw. thematische Kontrapunkte, die mit einem Raster hinterlegt sind.

Jeder Beitrag steht für sich und kann unabhängig vom anderen betrachtet werden. So bleibt Zeit zum eigenen Weiter- und Nachdenken. Der bekannte und größte Physiker aller Zeiten Isaak Newton hat einmal gesagt: »Wer nur halb nachdenkt, der glaubt an keinen Gott. Wer aber richtig nachdenkt, der muß an Gott glauben.« Damit wollte er sagen, daß das Denken eine notwendige Voraussetzung für den Glauben darstellt.

Die dargelegten Gedankenaufrisse sind im Stil weder wissenschaftlich nüchtern noch monoton beschreibend, sondern engagiert formuliert; die Texte sind knapp gehalten, ja zuweilen kurzatmig, manchmal abrupt — stakkato — und doch hinweisend, einladend. Zu wem? Zu dem, der Himmel und Erde gemacht hat, zu dem, der am Kreuz zum Erlöser der Menschen wurde, zu dem, ohne den unser Leben fad und leer und ohne Hoffnung bleibt. Wir sind auf Heimat angelegt — auf ewige Heimat. Gott hat uns allen von seiner Schöpfungsordnung her die Ewigkeit ins Herz gelegt (Prediger 3,11). Unsere Suche nach echtem Leben ist also vorprogrammiert. Der Aufbruch zum Leben lohnt sich. Gehen auch Sie Schritte zum Leben, zum erfüllten, zum ewigen Leben! Wir haben es selbst so erlebt, und das wünschen wir auch allen unseren Lesern.

Werner Gitt

Am Anfang schuf Gott Himmel und Erde. Und die Erde war wüst und leer und es war finster auf der Tiefe und der Geist Gottes schwebte über den Wassern. *1. Mose 1,1+2*

Im Anfang war das Wort, und das Wort war bei Gott ... Alles wurde durch dasselbe. *Johannes 1,1+2*

Es beginnt ...

Am Anfang
steht immer Gott.

Gott, der Allmächtige, der Schöpfer unvorstellbarer Dinge, naher und ferner Welten und — unserer Erde. Er bildet den Kosmos und gibt ihm die Zeit als Zeichen der Begrenztheit. Alles zukünftige Geschehen auf der Erde wird in dieses Begrenztsein eingebunden sein. Allmacht dort — Begrenztheit hier.

Die so geschaffene Erde in ihrem »Rohzustand« ist noch wüst und leer und finster. Sie wartet auf ihren Sinn. Sie wird zubereitet für eine Zukunft, die mit jedem der künftigen Schöpfungstage eine neue Schönheit entfalten wird — insgesamt sechs Tage lang bis zur Vollendung. Aber noch wartet sie — wüst, leer, finster — eine lebenslose Zusammenballung fester, flüssiger und gasförmiger Materie.

Aber Gott selbst ist anwesend. Sein Geist schwebt über den Wassern. Gottes Gegenwart ist die Verheißung kommenden Lebens. Und so geschieht es. Er beseitigt Wüste, Leere und Finsternis und gibt Licht in den Tiefen. Er schafft etwas Neues. Er bereitet zu. Schritt für Schritt.
Am Ende wird Leben sein.

Wie ein Bild unserer inneren Räume lesen sich die ersten Verse der Bibel. Dürfen wir noch mehr in diesem Bild sehen? Gibt es auch für uns die Chance einer Veränderung und des Neuwerdens? Eine Frage existentieller Bedeutung ist das für den, der nach dem Sinn seines Lebens sucht und weiß, daß er selbst einen Neuanfang braucht.
Einen Anfang mit Gott.

Andrea — oder: »Der Schritt ins Leere«

Eines Tages, wenn alle quälenden Gefühle und Erinnerungen längst geheilt sein würden und der Vergangenheit angehörten, würde Andrea ihr Tagebuch ohne Trauer lesen können als eine Art Chronik ihrer Not.

Als sie ihr Entsetzen in Worte faßte in diesem schlimmen Frühjahr, stand sie ganz unter dem Eindruck eines Unfalls, der alles in ihrem Leben aus den Fugen gleiten ließ. Dazu kam der Bruch mit ihrer Freundin.

Später — aus der Distanz — würde Andrea erkennen, daß sich alles schon längst vorher angebahnt hatte und die äußeren Anlässe nur der letzte Anstoß für die Abwärtsfahrt durch den dunklen Tunnel waren.

Das Gefühl einer wachsenden Leere hatte sich bereits als Bodensatz in ihr breitgemacht, als Schlag auf Schlag alles Feste in ihrem Leben zu treiben begann, sich verselbständigte, während sie wie ohnmächtig den Dingen ihren Lauf ließ. Auf seltsame Weise innerlich wie gelähmt und mit der Distanz eines gleichgültigen Zuschauers hinter einer Glaswand beobachtete sie die eigene Abwärtsdrift.

Alpträume stellten sich ein, düster, schweigend, die Menschen darin kopflos-anonym mit roboterhaften Bewegungen und sie selbst auf der Flucht in unendlichen gleichförmigen Gängen. Oder sie wachte auf — noch halb in einem Absturz ins Bodenlose begriffen. Traum und Wirklichkeit verwoben sich zu einem erstickenden nächtlichen Dickicht.

Andrea begann den Schlaf zu fürchten. Sie ertrug die nächtliche Dunkelheit und die wachsende Finsternis in sich nicht mehr. Die Tiefen in ihr, aus denen die Finsternis hervorquoll, schienen bodenlos und von entsetzlicher Ergiebigkeit. Sie fühlte sich von unbekannten Kräften gezerrt und getrieben — zu schrecklichen, namenlosen Dingen.

Andrea empfand jede Äußerung ihrer Mitmenschen als Kritik an ihr. Mißtrauisch wühlte sie sich hinein in Mutmaßungen, Deutungen und schließlich Verdächtigungen den Freunden gegenüber, bis sie anfing, ihren alten Freundeskreis zu meiden; manche riefen noch einige Male an, dann akzeptierte die Clique den Abstand, ging zu anderen Themen über. Sie konstatierte das in selbstmitleidiger Reflexion und sog diesen zweifelhaften Genuß tief ein.

Andreas Zustand in dieser Lebensphase war gefährdet. Durch Sinnleere war ihr Leben »wüst und leer« und Finsternis, die ihr jede Orientierung nahm, hatte sie in einen Klammergriff genommen.

Sinnlosigkeit — die Asche aller Lebenspläne,
das Ende falscher Hoffnungen.

Wie eine Allegorie wirkte das später auf Andrea: Im Anfang schuf Gott Himmel und Erde! — So hatte Gott auch Andrea geschaffen. Und die Erde — und Andrea — war wüst und leer — und es war finster auf der Tiefe.

Aber dann: »Der Geist Gottes schwebte über den Wassern!«
Lange Zeit hatte Andrea von Gott nichts gemerkt. In ihrem Leben schien er abwesend, so, wie sie es für sich entschieden hatte. Aber Gott war da — er bereitete in der Stille, was er in ihrem Leben neuschaffen wollte. Nein, Gott zwang sich Andrea nicht auf. Er wartete, bis sie ihn rief aus Angst vor dem Entsetzlichen, das ihr aus ihrem Innersten entgegenschlug: vor dem tödlichen Sog in das unbekannte Verderben, dieses ferne, nahgerückte Land der verlorenen Seelen.

Diese Kräfte, die an ihr zerrten und sie zermürbten — und dann der Schrei nach Gott? War das eine Lösung?
Andrea schrie ...

Schöpfung durch das Wort

Es gehört wohl zu den tiefsten Geheimnissen des Schöpfungszeugnisses, *wie* die Erschaffung *»durch das Wort«* geschah. In Psalm 33,6 heißt es: *»Der Himmel ist durch das Wort des Herrn gemacht und all sein Heer durch den Geist seines Mundes«*, und Hebräer 11,3 sagt uns: *»Durch Glauben verstehen wir, daß die Welten durch Gottes Wort bereitet worden sind, so daß das Sichtbare nicht aus Erscheinendem geworden ist«*. Die sichtbare Welt ist *nicht* aus wahrnehmbaren Dingen entstanden. Wie also dann? Aus den Gedanken Gottes! Durch das Wort Gottes! Durch das Wort seiner Macht wurden die Gedanken Gottes in sichtbare Wirklichkeit, in die für uns wahrnehmbare Schöpfung, umgesetzt. Wie ist dieser Vorgang erkennbar? Durch Naturwissenschaft? Durch Forschung? Durch philosophisches Denken? Dieses Geheimnis bleibt einzig dem Glauben vorbehalten: *»;Durch Glauben erkennen wir ...«* Einen anderen Zugang gewährt uns Gott nicht. Er hat den Prozeß der Informationsgewinnung über den Glauben geleitet. Alle anderen Erkenntnisversuche erweisen sich darum als nicht gangbar. In 1. Mose heißt es zehnmal *»;Und Gott sprach.«* Die ausgesprochenen Gedanken wurden so rasch realisiert, daß Gott sie unmittelbar danach betrachten konnte: *»Und Gott sah!«*

Der Beginn des Johannesevangeliums führt uns dem Geheimnis *»durch das Wort«* ein erhebliches Stück näher. Dieses *»Wort«* ist nicht Schall oder eine Buchstabenkette, sondern eine Person, wie Gott selbst Person ist. Spätestens bei Vers 10 *»Er war in der Welt, und die Welt ist durch ihn gemacht«* wird deutlich, daß dieses Wort (griech. *der Logos*) JESUS CHRISTUS ist. JESUS und das Wort bilden eine große Einheit — ja beinahe Identität —, die sich mit zahlreichen Schriftstellen belegen läßt. (1)

Und Gott sprach: Es werde Licht! Und es wurde Licht. Und Gott sah das Licht, daß es gut war; und Gott schied das Licht von der Finsternis. 1. Mose 1,3+4

Der Gott, der aus Finsternis Licht leuchten hieß, ist es, der in unsere Herzen geleuchtet hat zum Lichtglanz der Erkenntnis der Herrlichkeit Gottes im Angesicht Christi. 2. Korinther 4,6

Andrea — oder: »Der Schritt ins Leben«

Nur mit Unbehagen erinnerte sich Andrea später an die gewissen Abgründe ihrer Seele, in die sie gesehen hatte. Sie war erschrocken vor dem, was sie zu tun fähig war. (»Hattest du etwa Angst vor dir selber?« fragte später einmal lächelnd jemand, mit dem sie offen über ihre Erschütterungen sprach. »Ja«, antwortete sie schlicht. »Du etwa nicht?« Ihr Gegenüber schwieg verlegen.)

Die Hypothek der Verlorenheit —
das Erbe menschlicher Geburt

Der Mensch ist ein verlorenes Lebewesen
von seiner Geburt an.
Adam und Eva, die ersten Menschen,
lehnten sich gegen Gottes Willen auf.
Sie nahmen, was Gott ihnen versagte:
die Frucht vom Baum der Erkenntnis
des Guten und des Bösen.
Sie wählten frei —
in Ablehnung Gottes —
in Auflehnung gegen Gott —
das Böse.

Die Dynamik des Bösen
ist ererbte Dynamik,
die in jedem Mensch wohnt —
die Hypothek seiner Verlorenheit.

Kein Mensch kann die Schuld tilgen.
Nicht die eigene, nicht die der anderen.

Andreas Schrei erhörte Gott recht unspektakulär. Eine Frau, der sie begegnete, wurde für Andrea so etwas wie Gottes Handlangerin. Andreas Ungläubigkeit, mit der sie sich gegen den Glauben abgeschottet hatte, bekam unter dem Druck der inneren Ereignisse feine Risse, die sich, einmal entstanden, mehr und mehr weiteten.

Die Schotten vor Andreas Seele zerbrachen endgültig unter dem Druck der Erkenntnis, daß sie verloren war und Gott brauchte.

An einem Augusttag notierte Andrea in ihrem Tagebuch:
»Gott hat mein Chaos im wahrsten Sinne des Wortes in die Hand genommen. Heute morgen habe ich's mit einemmal begriffen! Er will die Decke aus Dunkelheit wegnehmen und anstelle der Sinnlosigkeit Erfüllung bringen. Mein Leben hat doch einen Sinn. Es ist Gott so wertvoll, daß er seinen einzigen Sohn sterben ließ, um mein Leben für die Ewigkeit zu retten.

Ich bin etwas wert — mein Leben hat einen Sinn! Es gehört jetzt Gott, und er will daraus etwas schaffen. An die Stelle meiner Dunkelheit ist das Licht getreten. Alles ist neu geworden.«

Jesus aber rief und sprach:
Wer an mich glaubt,
glaubt nicht an mich, sondern
an den, der mich gesandt hat;

und wer mich sieht, sieht den,
der mich gesandt hat.

Ich bin als Licht in die Welt gekommen,
damit jeder, der an mich glaubt,
nicht in der Finsternis bleibe.

Johannes 12,44-46

Der Wert eines Menschen in den Augen des Menschen

»Der Wert eines Häftlings in Auschwitz betrug bei einer durchschnittlichen Arbeitsleistung von neun Monaten abzüglich aller Seelenbeseitigungsmaßnahmen wie Gas, Holz, Benzin, genau 1631,— Reichsmark.

Das Leben eines Kindes brachte nur einen minimalen Erlös, wenn man sein bißchen Fett in Seife umwandelte. Es hat lediglich seine Todeskosten getragen. Ein Gewinn war dabei nicht zu erzielen.«
(Aus Lea Fleischmann: »Dies ist nicht mein Land«, Hoffmann u. Campe 1980, S. 45)

Nach einer Untersuchung des Kölner Professors Reiner Willecke zur Bedeutung eines Menschenlebens für die Gesellschaft ist es im Durchschnitt 408.000 DM wert — je nach Ausbildung — und das eines Dreijährigen nur 28.548 DM. Ein vollzeitbeschäftigter Mann ist 657.189 DM wert, eine Hausfrau nur 216.000 DM, ein Zwanzigjähriger mit abgeschlossener Berufsausbildung kommt auf 273.000 DM. (zitiert in »In Bildern reden«, Bd. III, hrsg. v. Heinz Schäfer, Christliches Verlagshaus Stuttgart 1987, S. 133)

Der Wert eines Menschen in den Augen Gottes

Die Gnade unseres Herrn Jesus Christus —
daß er, da er reich war, um euretwillen arm wurde,
auf daß ihr durch seine Armut reich würdet.

2.Korinther 8,9

Hierin ist die Liebe Gottes zu uns geoffenbart worden,
daß Gott seinen eingeborenen Sohn in die Welt gesandt hat,
auf daß wir durch ihn leben möchten.

1.Johannes 4,9

Menschen messen den Wert eines Lebens an Leistung, Ausbildung, Intelligenz ...
Gott setzt den Wert eines Menschen — eines jeden Menschen — so hoch an, daß er seinen Sohn für ihn opferte.

Die Bibel: Der Liebesbrief Gottes an uns

Über die Wahrheit der Bibel mag man viel diskutieren. Jede Debatte über das Schriftverständnis bleibt im letzten wertlos, wenn das Wort Gottes uns nicht zu persönlicher Anrede wird. Fast das gesamte Neue Testament trägt Briefcharakter. Von den 27 Schriften sind schon 21 durch ihre Bezeichnung als Briefe ausgewiesen: Römerbrief, Korintherbrief, Galaterbrief usw. Wie aus den ersten Versen des Lukasevangeliums und der Apostelgeschichte hervorgeht, sind auch diese als Briefe verfaßt. Auch das letzte Buch der Bibel enthält mehrere kurze Briefe, die als Sendschreiben (Offb 2 und 3) bekannt sind. Es ist kein Zufall, wenn uns das Evangelium von Jesus Christus vor allem in Briefform mitgeteilt wird. Ein Brief ist keine Formelsammlung und kein nüchternes Gesetzbuch, kein trockenes Lehrbuch und kein nur Fakten aneinanderreihendes Lexikon.

Der Brief ist die persönlichste und individuellste schriftliche Nachricht, die ein Liebender sendet. Man kennt sich und schätzt sich und teilt dem anderen die Regungen des Herzens mit. Man gibt Anteil an Sorgen und Freuden, weil man weiß, der Empfänger versteht mich. Der Brief ist ein Zeichen des persönlichen Interesses und der Liebe. Das Neue Testament und darüber hinaus die ganze Bibel möchte als ein Liebesbrief Gottes an uns gelesen werden. Gott liebt uns, und er kennt uns ganz persönlich, und darum redet er uns in Briefform an. Er weiß, wann wir verzagt sind und Zuspruch, Trost und Aufrichtung nötig haben. Er weiß, wo wir in Gefahr stehen, und darum gibt er uns Warnung, Ausrichtung und Wegweisung. Er weiß, wie uns Schuld und Sünde belasten, und darum spricht er uns ganz persönlich Vergebung zu. Er weiß, daß wir Menschen ziellos umherirren, und darum weist er uns ein ewiges Ziel zu. Er weiß um unsere Verlorenheit, und darum bietet er uns das ewige Leben an. Sein Wort an uns ist immer konkret, direkt und existentiell hilfreich. Er will darum mit einem liebenden Herzen und in betender Haltung gelesen werden. Wer so an die Bibel herangeht, wird überreich gesegnet, wer kritisch und nörgelnd liest, geht leer aus.

Gott teilt uns auch sein Problem mit. Es ist der Mensch, der sich seit dem Sündenfall von ihm entfernt hat. Es ist ihm das größte Anliegen, diese Verlorenen zu gewinnen. Dazu startete er mit dem Kreuz von Golgatha die größte Rettungsaktion der Weltgeschichte. Die Brücke zum Vaterhaus ist durch Jesus gebaut. Wie sehr warten wir selbst auf die Antwort des Empfängers, nachdem wir einen Brief abgeschickt haben.

Wieviel mehr Gott! Er hat seine Liebe nicht nur durch das Schreiben eines Briefes bekundet, sondern dahinter steckt eine Tat. Der Loskaufpreis für unsere Sünde war hoch: »Jesus Christus, der sich selbst für unsere Sünden gegeben hat, daß er uns errette« (Gal 1,4). Wir sind mit dem Blut Christi teuer erkauft (1 Petr 1,19). Der Hebräerbrief ermahnt uns: »Wie wollen wir entrinnen, wenn wir ein solches Heil nicht achten« (Hebr 2,3).

Gott wartet also auf unsere persönliche Antwort. Was sagen wir zu seinem Heilsangebot? Mit unserem Gebet können wir Gott ansprechen und ihm sagen, daß sein Brief uns erreicht hat. Wir ergreifen die uns in Jesus entgegengestreckte Hand Gottes und rufen seinen Namen an, der uns zum Heil wird (Röm 10,13). Wir signalisieren den Empfang seines Wortes mit Dank und Lobpreis. Wenn wir ständig in seinem Wort lesen (Jos 1,8) und unser Leben danach ausrichten, dann werden wir selbst zu einem Brief, der wiederum von anderen gelesen wird: »Ihr seid unser Brief, in unser Herz geschrieben, gekannt und gelesen von allen Menschen! Ist doch offenbar geworden, daß ihr ein Brief Christi seid, durch unseren Dienst zubereitet, geschrieben nicht mit Tinte, sondern mit dem Geist des lebendigen Gottes, nicht in steinerne Tafeln, sondern in fleischerne Tafeln des Herzens« (2 Kor 3,2-3). Mag unser »gelesenes Leben« zu einem Brief Gottes werden, der auf andere einladend wirkt. Erst wenn wir die Bibel als Liebesbrief Gottes an uns lesen, stehen wir in einer Begegnung mit unserem Herrn, die über alle wissenschaftlichen Argumente hinausgeht. Wissen ist gut, aber Liebe ist besser. Von dieser Beziehung spricht Jesus in Johannes 10,27-28: »Meine Schafe hören meine Stimme, und ich kenne sie, und sie folgen mir, und ich gebe ihnen das ewige Leben, und sie werden nimmermehr umkommen, und niemand wird sie aus meiner Hand reißen.« Wer die Stimme des guten Hirten gehört hat, weiß, daß sie unnachahmlich ist. Wer diesem Hirten folgt, ist vom Tode zum Leben hindurchgedrungen! Ihm ist das ewige Leben zugeeignet. (2)

Und Gott sprach: Es sollen sich die Wasser... an einem Ort sammeln, und es werde sichtbar das Trockene. Und Gott nannte das Trockene Erde und die Ansammlung der Wasser nannte er Meere. 1. Mose 1,9+10

Jesus aber stand auf, bedrohte den Wind und das Gewoge des Wassers; und sie legten sich und es trat Stille ein ... Wer ist denn dieser, daß er auch den Winden und dem Wasser gebietet und sie ihm gehorchen?

Lukas 8,23+24

Pilatus — oder: »Siehe der Mensch«

Ein Mann steht vor Pilatus, dem Prokurator des römischen Kaisers in der Provinz Judäa.
Pilatus weiß, was von ihm erwartet wird. Er soll den Mann auf Wunsch der Oberhäupter der jüdischen Gemeinde zum Tode verurteilen. Zum Tod am Kreuz.

Das ist der Tod der Niedrigen, der Sklaven.
Das jüdische Gesetz sagt: »Verflucht ist jeder, der am Holz hängt!«
Diesem Tod will die Gesetzesversammlung diesen Mann überliefern.
Der Mann vor Pilatus ist Jesus.

Drei Jahre lang hat Jesus mit seinen Anhängern das Gebiet des alten Israel durchzogen: Galiläa, Judäa, Samaria.
Er hat die Menschen dieser Landstriche auf den Gott ihrer Väter aufmerksam gemacht und ihnen die heiligen Schriften ausgelegt. Gerüchte von Heilungen an unheilbar Erkrankten und Auferweckungen von Toten sind die Vorboten seines Kommens an allen Orten gewesen.

Aber er hat sich dann doch nie als legendärer Wunderheiler erwiesen, sondern als einer, der in erster Linie die Umkehr zu Gott forderte — und dann heilte. Entgegen der offiziellen Lehrmeinung der Theologen, daß der von Gott vor Jahrhunderten zugesagte Volkserlöser als König auf der Bildfläche erscheint, sehen viele in Jesus den Messias.

Sicher wird er bald seine Maske der Ärmlichkeit abwerfen und als Erlöser von der Römerfron auftreten — politische Heilserwartung eines geknechteten Volkes. Jesus weiß das. Aber er bringt eine andere Erlösung. Von ihren Sünden will er diese geknechteten Menschen erlösen.

Ob ihnen das wichtig ist?

Je näher er und seine Jünger der Stadt Jerusalem in den Wochen vor dem Passahfest kommen, desto intensiver werden seine Hinweise, daß dort keine Thronbesteigung im Triumphzug, sondern der Tod auf ihn wartet.

Seine Jünger verstehen ihn nicht. Außer Judas. Ein toter Messias ist ihm nicht nützlich. So nutzt er die letzte Möglichkeit, etwas zu gewinnen. Judas geht und verrät und verkauft Jesus, der seinen revolutionären und materiellen Perspektiven nicht entspricht, dem scheelsehenden hohenpriesterlichen Rat.

So gerät Jesus vor Pilatus, den Statthalter der Römer, dessen Karriere eng verflochten ist mit der von Rom aus geforderten Ruhe in der aufrührerischen Provinz Judäa. Kein Wunder, daß Pilatus die Macht der religiösen Volksführer fürchtet.

Pilatus weiß, was hier von ihm erwartet wird. Jesus soll sterben. Pilatus will den Schein wahren. Er befragt den Mann vor seinem Richterstuhl, hört Zeugen. Aber er muß kapitulieren vor der Wahrheit. »Ich finde keine Schuld an ihm!« Das Verhandlungsergebnis ist eindeutig. Jetzt ist Jesus frei?!
Nein.
Damit ist das Todesurteil besiegelt!
Das zynischste Urteil der Weltgeschichte: Der einzige Unschuldige hier ist der Angeklagte.

Pilatus tritt an das Wasserbecken, hält einen Augenblick inne und erblickt sein Gesicht auf dem ruhigen glänzenden Wasserspiegel. Erschrickt er? Vor wem?

Er taucht seine Hände schnell ein — zerstört sein Spiegelbild. Er gibt sich der Illusion hin, seine Hände noch in Unschuld waschen zu können. Den Volksmengen ruft er zu: «Und ich bin schuldlos am Blut dieses Gerechten! Seht ihr zu!«

Werdet ihr mit dieser Schuld fertig, die ihr auf euch ladet! So redet Pilatus und befiehlt für Jesus die Folter, die die Römer der Kreuzigung vorausschicken.

Pilatus wäscht sich die Hände
in Unschuld. Er, der sich selbst nicht mehr
ins Gesicht sehen konnte.

Und wir:
Wir sind doch nicht
schuldiger als alle anderen
schuldigen Menschen. Wir —
schuldig gewordene Unschuldige —
unschuldig Schuldiggewordene —
und doch am Ende
immer wieder
schuldiggewordene Schuldige —
Schuldner Gottes und unserer Mitmenschen.
Kein Wasser der Welt
wäscht Pilatus und
uns rein.
Nur »das Blut Jesu Christi
reinigt uns von aller Sünde.«
(1. Johannes 1,7)

Jesus, dessen Kreuz Pilatus markieren läßt mit »König der Juden«, stirbt einen einsamen Tod, verlassen von fast allen Freunden, grausam gehöhnt von seinen Feinden.

Judas begreift als erster das Ausmaß des Verbrechens. Der Verräter begeht Selbstmord. Ihm bleibt die großartige Perspektive des Danach verschlossen. Er schließt sich selbst aus von der Erfahrung, daß durch Golgatha alle Schuld vergeben werden kann, seit mit dem Kreuzigungstod Jesus für alle die Schuld bezahlte. Für alle, die es wirklich wollen!

Gottes einziger, menschgewordener Sohn,
einzig Unschuldiger unter Schuldigen
büßte für unsere Schuld.

Der Herr Jesus steht nach drei Tagen aus dem Tod wieder auf und nimmt damit seinen Jüngern die letzten Zweifel an seiner Gottessohnschaft.

Aus der alttestamentlichen Messiasprophetie:

»Er hatte keine Gestalt und keine Pracht.
Und als wir ihn sahen,
da hatte er kein Aussehen,
daß wir Gefallen an ihm gefunden hätten.
Er war verachtet und von den Menschen verlassen,
ein Mann der Schmerzen und mit Leiden vertraut,
wie einer, vor dem man das Gesicht verbirgt.
Er war verachtet,
und wir haben ihn nicht geachtet.

Jedoch unsere Leiden — er hat sie getragen,
und unsere Schmerzen — er hat sie auf sich geladen.
Wir aber, wir hielten ihn für bestraft,
von Gott geschlagen und niedergebeugt.
Doch er war durchbohrt um unserer
Vergehen willen,
zerschlagen
um unserer Sünden willen.
Die Strafe lag auf ihm
zu unserem Frieden,
und durch seine Striemen
ist uns Heilung geworden.

Wir alle irrten umher wie Schafe,
wir wandten uns jeder
auf seinen eigenen Weg.
Aber der Herr ließ ihn treffen
unser aller Schuld.

Er wurde mißhandelt,
aber er beugte sich
und tat seinen Mund nicht auf
wie das Lamm, das zur Schlachtung geführt wird ...
Er hat kein Unrecht begangen
und kein Trug ist in seinem Munde gewesen.

Jesaja 53,2-9

Die Suche nach Wahrheit

Denken und Forschen sind äußerst wichtig und uns auch von Gott aufgetragene Tätigkeiten, nur mahnt uns die Bibel dazu, ihre Begrenzung zu beachten:

»Da ich mein Sinnen darauf richtete, Weisheit kennenzulernen, und danach suchte, die Tätigkeiten zu durchschauen, die auf Erden betrieben werden, ... da sah ich: alles ist Gottes Werk, doch der Mensch ist nicht imstande, die Vorgänge zu ergründen, die sich abspielen unter der Sonne. Wie viel der Mensch sich auch mit Forschen abmüht, er wird es nicht ergründen! und selbst der Weise, der meint, es zu kennen, vermag es nicht zu ergründen« (Pred 8,16-17).

Nur von Gott selbst können wir mit Sicherheit etwas erfahren über die Herkunft der Schöpfung, über ihre Ordnung, ihre Bedeutung, über ihr Ziel und über jedes weitere Faktum, das sich mit vorgeschichtlichen oder zukünftigen Ereignissen befaßt. Gott war dabei, er hat die Zweckbestimmung ausgemacht und nicht wir! Diese Frage kann uns darum die Naturwissenschaft prinzipiell nicht beantworten. So sagte der Raketenforscher Wernher von Braun (1912-1977): »Je mehr man in die Naturwissenschaft eindringt, desto deutlicher erkennt man, daß die so tiefsinnig klingenden Bezeichnungen in Wirklichkeit schlechte Tarnungen der menschlichen Unwissenheit sind.«

Die Wahrheit, die uns die Bibel bezeugt, ist nur in der persönlichen Begegnung mit diesem Gott selbst erfahrbar. Sie ist weder in Sätzen großer Menschheitsführer noch in Ideen oder Begriffen oder Formeln faßbar, sondern allein in der Person Jesu Christi zu haben, der von sich sagen konnte, daß er die Wahrheit ist (Joh 14,6). Bei diesem Jesus Christus, der Herr, König und Schöpfer, Gottes Sohn, Anfang und Ende, Leben, Wahrheit und Heil in einer Person vereinigt, liegt darum auch einzig und allein der Schlüssel zum rechten Verständnis der Bibel (z. B. Schöpfung, Sinn und Ziel des Menschen). Hier erfahren wir, wer Gott ist, und wie wir mit ihm in Kontakt treten können.

Die Pilatusfrage »Was ist Wahrheit?« (Joh 18,36) wird in ihrer tiefen Unwahrhaftigkeit sofort als Flucht vor der Wahrheit entlarvt, die in der Person Jesu Christi leibhaftig vor dem Landpfleger steht. Diese Wahrheit sprengt den Rahmen einer Wahrheitslehre, wie sie in den Wissenschaften rein erkenntnismäßig oder nach den Prinzipien der Logik abgehandelt wird. Die biblische Wahrheit wird durch Jesus erfahren, offenbart, erlebt und getan. Jesus ist nicht darum die Wahrheit, weil seine Lehren Wahrheit sind, sondern seine Lehren sind wahr, weil sie die Wahrheit, die er selbst ist, zum Ausdruck bringen.

Der Mensch ist von Gott so konzipiert, daß er zur Erkenntnis der Wahrheit befähigt ist — und zwar zu der bedeutendsten und wichtigsten Wahrheit für den Menschen überhaupt: der Erkenntnis Gottes und der »Liebe Christi, die doch alle Erkenntnis übertrifft« (Eph 3,19). Es ist der erklärte Wille Gottes, daß in dieser Weise »allen Menschen geholfen werde und sie zur Erkenntnis der Wahrheit kommen« (1 Tim 2,4). Schon im Alten Testament macht Gott wiederholt das Angebot, ihn zu erkennen wie z. B. »Erkennet, daß der Herr Gott ist!« (Ps 100,3) und »Seid stille und erkennet, daß ich Gott bin« (Ps 46,11). Gott würde diese Aufforderung nicht geben, wenn es nicht möglich wäre, sie auch auszuführen. (3)

Und Gott sprach: Die Erde lasse Gras hervorsprossen, Kraut das Samen hervorbringt; Fruchtbäume, die auf der Erde Früchte tragen nach ihrer Art. 1. Mose 1,11

Wir gehören dem aus den Toten Auferweckten, damit wir Gott Frucht brächten. Römer 7,4

Thomas — oder: »Die Geschichte eines Zweiflers«

(Johannes 20)

Jeder der Jünger Jesu erlebt in den Stunden vor und nach dem Tod Christi seine eigene Geschichte.

Judas, der Verräter, erträgt sein Bestechungsgeld in der Tasche und sein eigenes Leben nicht mehr und begeht Selbstmord.

Der selbstsichere Petrus durchlebt die Bitterkeit der Selbsterkenntnis im Scheitern. Nur Johannes steht am Kreuz in der Nähe Jesu. Ihnen allen ist eines gemeinsam: eine bodenlose Verzweiflung.

In den Wochen vor dem Gang nach Jerusalem hat der Herr Jesus seinen Tod und ein weiteres bedeutsames Ereignis vorausgesagt. Keiner der Jünger scheint sich daran zu erinnern, als es dann soweit ist.

Der Tote steht aus seinem Grab als ein Lebender auf, läßt den Tod hinter sich und kommt als Auferstandener zu seinen Jüngern. Die verzweifelten Menschen lösen sich aus ihrer Trauer. Sie erleben etwas, was größer ist als jedes Heilungswunder: Die Macht des Todes ist durchbrochen worden.
Ihre Freude ist groß.
Einer fehlt. Thomas.

In Thomas ist etwas zerbrochen. Er glaubt nicht mehr. Jesus, den er für den Erlöser hielt, ist tot, so menschlich tot wie alle Menschen, wenn sie der Tod eingeholt hat. Aus. Ein paar Jahre an der Seite eines Heilers und Predigers, der ein sonderbar reines Leben geführt hat. Nicht unbedingt verlorene Jahre für Thomas, aber nicht das, was er sich darunter vorgestellt hat. Der Verlust einer solchen Illusion, denkt Thomas, rechtfertigt meine Skepsis. Ich glaube an nichts mehr!

Nein, er glaubt nicht, was die zehn Übriggebliebenen ihm berichten. Er bemitleidet sie. Zehn reife Männer, die sich von ihren Hoffnungen täuschen lassen und gemeinsam Gespenster zu sehen meinen! Nein, sagt Thomas, ich glaube nur noch, was ich sehe.
Und dann, wie zum Hohn des Berichts seiner Freunde: Es sei denn, daß ich seine Wundmale gesehen und meine Hände da hineingelegt habe — in die Nägelmale der Hände und die Speerwunde oberhalb der Hüfte — dann glaube ich!

Acht Tage lang kommen und gehen die Zweifel. Es bleibt nicht bei den zehn Jüngern, die berichten, daß der Auferstandene mit ihnen gesprochen hat.

Nach acht Tagen sind die Jünger wieder zusammen in einem Haus. Diesmal ist auch Thomas bei ihnen. Was hat er unter diesen Männern eigentlich noch zu suchen? Er glaubt doch gar nicht, was sie mit solcher Überzeugung verkünden. Plötzlich steht ER vor Thomas, ist einfach da. Waren die Türen nicht abgeschlossen worden? Doch, ja, aber: Er ist da. Der Tote? Der Auferstandene! »Tod, wo ist dein Stachel? Hölle, wo ist dein Sieg?« (1. Kor 15,55).

Stumm starrt Thomas auf den lebendigen Menschen vor sich. Das ist Jesus, wie er ihn kannte. Aber etwas an ihm ist anders. »Betaste meine Wunden«, fordert Jesus Thomas auf. »Damit du glauben kannst! Aber glückseliger sind die, die nicht gesehen und doch geglaubt haben.
Lege deine Hände in meine Seite ...«

Dies ist die Stunde des Thomas. Er fällt vor ihm zu Boden: »Mein Herr und mein Gott!« Das ist alles. Darin sind Reue, Trauer, Liebe, Freude, Zerbruch, Erkennen und Annahme des Gestorbenen und Auferstandenen enthalten.
»Mein Herr und mein Gott!«
Das ist alles. Das genügt.

Der Glaube im Sieg

Wenn wir vom Sieg reden, müssen wir zuerst den Sieger nennen: Es ist Jesus Christus! Sein Wort am Kreuz »Es ist vollbracht!« hat die Situation dieser Welt grundlegend verändert. Die finsteren Mächte sind besiegt. Seit der glorreichen Auferstehung Jesu gilt nun »Der Tod ist verschlungen in den Sieg« (1 Kor 15,55) und »Durch seinen Tod nahm er die Macht dem, der des Todes Gewalt hatte, das ist der Teufel« (Hebr 2,14). Die Auferstehung Jesu von den Toten ist das Siegel des Sieges. Warum? Eine Begebenheit aus der europäischen Geschichte mag das verdeutlichen helfen:

Im Jahre 1815 errangen die Verbündeten bei Belle-Alliance den Sieg über Napoleon, der fast ganz Europa beherrschte. In einem Privatbrief schrieb der Feldmarschall Gneisenau über den errungenen Sieg. Auf dem Umschlag des Briefes hatte er vermerkt: »Bitte das Siegel beachten!« Dieses Siegel war nämlich ein Abdruck des Siegels Napoleons, das man am Abend der Schlacht in seinem erbeuteten Wagen gefunden hatte. So mußte der Verlierer Napoleon seinen eigenen Untergang gleichsam besiegeln.

Der Tod war das Siegel der finsteren Mächte, ein Machtkennzeichen, ein Siegel des Teufels. Durch den Tod Jesu und seine glorreiche Auferstehung hat er den Widersacher besiegt. Das Zeichen der Macht hat Jesus; er hat die Schlüssel der Hölle und des Todes. In diesen Sieg Jesu ist unser Glaube einprogrammiert. Die Koppelung unseres Glaubens an den Auferstehungssieg Jesu ist so eng, daß Paulus sagen kann: »Ist aber Christus nicht auferstanden, so ist unsere Predigt vergeblich, so ist auch euer Glaube vergeblich« (1 Kor 15,14). Er aber ist wahrhaftig auferstanden, und darum steht auch unser Glaube im Sieg. Jemand sagte einmal: Wenn wir im Glauben gesund sind, sind wir unbesiegbar! Diese Siegeszuversicht, die nicht im Eigenen liegt, sondern in der Bindung an den Sohn Gottes begründet ist, ruft der Apostel Johannes uns zu: »Unser Glaube ist der Sieg, der die Welt überwunden hat« (1 Joh 5,4). (4)

Und Gott machte die beiden großen Lichter; das größere Licht zur Beherrschung des Tages... 1. Mose 1,16

Ich sah mitten am Tag ein Licht, das den Glanz der Sonne übertraf. Ich aber sprach: Wer bist du, Herr? Der Herr aber sprach: Ich bin Jesus. Apostelgeschichte 26,13+15

Paulus — oder: »Ich sah mitten am Tag ein Licht«

Er ist ein großer Hasser.
Was Saulus, der hochmoralische junge Rabbiner, tut, erledigt er ganz. Er steht in der vordersten Front, als es darum geht, die Anhänger der gefährlichen neuen Sekte zu bekämpfen, die sich nach dem Tod und der Auferstehung Jesu Christi zu formieren beginnt.

Sein Kampf ist religiös motivierter Eifer um das (Seelen)Heil des jüdischen Volkes, und diejenigen, die ihn für ihre Zwecke zu benutzen wissen, setzen den jungen Mann bald ein, die christlich Infizierten in den jüdischen Gemeinden Syriens aufzuspüren. Als Inquisitor zieht er von Jerusalem los, besessen von der heiklen Mission, Juden gegen Juden zu mobilisieren.

Kurz vor den Toren Damaskus' ereilt ihn und seine Begleiter ein erschreckender Zwischenfall. Ein strahlendes Licht bemächtigt sich seiner! Geblendet von der gleißenden Strahlung fällt er zu Boden, und an die Ohren des Erschrockenen dringt eine Stimme. Seine Begleiter erstarren vor dem Lichtphänomen, sind sprachlos, hören einen Klang von Worten ohne Stimme, ohne Sprecher. Saulus vernimmt es als einziger: »Saul, Saul, warum verfolgst du mich?« Überwältigt antwortet er: »Wer bist du — Herr?«

Saulus weiß von Gottes Boten, den Engeln. Gehören sie nicht längst vergangenen Zeiten an? So lange schon hat Gott geschwiegen! So lange, daß sein Volk nicht mehr mit ihm rechnet und das Gotteserleben der Väter in legendäre Vorzeiten verweist. Längst herrschen andere Maximen — und die Römer! Sollte zu Saulus ein Engel gekommen sein?

Aber es ist kein Engel, der hier spricht. Es ist ein Größerer. »Ich bin Jesus, den du verfolgst.« Jesus (hebräisch: Jehoschua: Gott ist Rettung), der verhaßte Name. Ist Saulus dabeigewesen, als kurz zuvor Petrus und Johannes vor der Inquisition diesen Namen nannten, als den einzigen Namen, in dem Menschen errettet werden müssen? (Apg 4,12).

Und nun dies! Also sind es nicht nur die Nachfolger des Gehaßten, die er vor Gericht schleppen will, es ist der getötete Jesus selbst, den er verfolgt!

Das Gerücht von seiner Auferstehung (das so sorgsam unterdrückte und immer wieder aufgelebte!) ist wahr?!

Ein Weltbild fällt in Scherben. Ins Mark getroffen, erblindet und innerlich zerschlagen muß Saulus, der hoffnungsvolle kommende Stern am Firmament der Rabbiner, der Schüler des großen Talmudgelehrten Gamaliel, nach Damaskus geführt werden. Nicht im Triumphzug inquisitorischer Gesetzesgerechtigkeit, sondern als ein Häufchen Elend erreicht er Damaskus. Nicht als ehrenvoll empfangener Gast in den damaszenischen Synagogen der reichen syrischen Juden, sondern als gebrochener Mann, der drei Tage nicht ißt und trinkt, erlebt Saulus »sein« Damaskus.

Drei Tage sind sehr lang, wenn eigenes Versagen, Scheitern, Schuld und Irrtum als immer wiederkehrende Bilder den Geist eines Menschen bestürmen. Gott zerbricht das verformte Gefäß, bevor er heilt. Dieses Gefäß hat er sich besonders ausgesucht. An Saulus zeigt er dem jüdischen Volk seine letzte Chance vor der endgültigen Diaspora, die fast 2000 Jahre dauern wird. 2000 Jahre, in denen ein Volk ausblutet, verbrennt und immer wieder aus der Asche neu ersteht, selbst aus der Asche von Auschwitz, Buchenwald, Majdanek, Theresienstadt und Dachau.

Die letzte Chance ist der Weg, den Saulus betritt: Er baut auf den Namen Jesus ein neues Leben auf. Seinen eigenen Namen ändert er in Paulus, »der Kleine«. Er hat begriffen, daß er in den Augen Gottes bei allem religiösen Eifer so leer und gottesfremd dastand wie irgendein Römer oder verachteter Heide, und daß ein neues Leben einen neuen Menschen braucht.

Als Paulus gibt er alles auf: die Geborgenheit der religiösen Tradition seiner Väter und die materielle Sicherheit des alten Status. Sein Stern ist gestürzt: Es wird keinen großen Talmudgelehrten Saul geben.

Seine Zielrichtung ist verändert: »Denn ich werde ihm (Saulus) zeigen, wie vieles er für meinen Namen leiden muß« (Apg 9,16). Das ist die Botschaft des Herrn an den widerstrebenden Christen Ananias aus Damaskus, der sich vor Saulus, dem Christenverfolger, fürchtet, als Gott ihn zu dessen Unterkunft senden will.

Die viel später verfaßten Briefe, die Paulus den neugegründeten Gemeinden in Kleinasien schreibt, spiegeln ein wenig die Leiden Paulus' wieder: Armut, Verfolgung, Gefängnis, Schlaflosigkeit und eine Krankheit, die ihn zeitlebens quält. Gott nimmt ihm nichts davon weg, auch nicht, als er dreimal darum fleht, daß Gott die Krankheit nimmt, ihn heilt (2 Kor 12,8).
Warum? fragen wir.
Paulus würde uns ungefähr so antworten: Der Herr Jesus hat kurz vor seinem Leiden und Sterben gesagt: »Wenn das Weizenkorn nicht in die Erde fällt und stirbt, bleibt es allein! wenn es aber stirbt, bringt es viel Frucht« (Joh 12,24).
Und: »Wer in mir bleibt und ich in ihm, dieser bringt viel Frucht, denn außer mir könnt ihr nichts tun ... Hierin wird mein Vater verherrlicht, daß ihr viel Frucht bringt, und ihr werdet meine Jünger werden« (Joh 15,5+8).

Tatsächlich hat er selbst geschrieben: »Deshalb ermatten wir nicht, sondern wenn auch unser äußerer Mensch aufgerieben wird, so wird doch der innere Tag für Tag erneuert. Denn das schnell vorübergehende Leichte der Drangsal bewirkt uns ein über die Maßen überreiches, ewiges Gewicht von Herrlichkeit, da wir nicht das Sichtbare anschauen, sondern das Unsichtbare. Denn das Sichtbare ist zeitlich, das Unsichtbare ewig« (2 Kor 4,16-18).

Paulus lebte mit einem Sinn. Er lebte auf ein Ziel hin, das sich ihm nicht entziehen konnte, weil es ewig ist. Und weil seine Perspektive eine ewige war, wollte er ewige Werte schaffen, »Frucht« für Gott. In diese ewigen Werte investierte er Stück um Stück seiner Persönlichkeit, seiner Kraft und alle Liebe, zu der sein weitgemachtes Herz befähigt worden war.
Er hat das, was Gott ihm gab, gut angelegt: in Menschen, die er Gott zuführte, die Gemeinden bildeten, Gott Frucht zu bringen begannen — wiederum in Form von Menschen, die ihr altes schuldiges Leben in ein erneuertes von Gottes Gnade eintauschen wollten. Der Fruchtbaum des Paulus wuchs, trug Frucht, die sich aussamte, um zu wachsen und Frucht zu tragen bis heute.

Frucht bedeutet immer Tod — und neues Leben: »Wenn das Weizenkorn nicht in die Erde fällt und stirbt« ... zerfällt es frucht- und folgenlos eines Tages zu Staub, stirbt einen leeren, sinnlosen Tod.

Paulus wußte um das Geheimnis des Säens, Leidens, Fruchtbringens. Nicht jeder muß leiden wie er. Aber wohl keiner hat für Gott so viele Samenkörner in die Erde Kleinasiens und Europas gelegt wie Paulus, der Kleine.
Ja, er war klein. Er war ein Überwältigter, überwältigt von der Liebe Gottes zu den Sündern, uns Menschen.

Am Maß der Gnade Gottes gemessen, war er groß.

Herr Jesus,
ich bin nicht Pilatus,
nicht Judas, nicht Thomas,
auch nicht Saulus,
aus dem du Paulus machtest.

Ich bin
ein Mensch
wie alle anderen,
leider nicht besser.
Aber das würde auch
nichts ändern daran,
daß ich ein Sünder bin.

Ich bin
entschieden,
umzukehren von dem
Weg
weg von Gott.

Bitte schenk mir
das Glück
der neuen Geburt.
Ich danke dir, Herr, dafür,
und daß ich
zu dir gehöre
in Ewigkeit.

Die Herkunft der Sprachen

Über den Ursprung der menschlichen Sprachen gibt es eine schier unübersehbare Zahl von Spekulationen und Theorien. Nach der Naturlaut- oder Nachahmungstheorie sollen die Menschen die Geräusche der Tiere nachgeahmt haben. Die menschliche Sprache verfügt zwar über viele Imitationswörter, doch sind Nachahmungen von Tierrufen für eine Systematik ungeeignet, zumal Tierimitationen von Volk zu Volk ganz willkürlich variieren. Der deutsche Hahn schreit z. B. »kikiriki«, der englische »cockadoodledoo« und der russische »kukuriki«. Ein Eskimo kann den Walruf täuschend echt nachahmen, dennoch fällt es ihm keineswegs ein, den Wal nach diesem Ruf zu benennen. Andere Theorien gehen davon aus, daß sich die menschlichen Sprachen von emotionalen Ausrufen herleiten oder die ersten Worte zur Untermalung bestimmter Gesten dienten. Auch die evolutionistische Vorstellung einer Aufwärtsentwicklung von Grunz- und Schnauflauten über primitive Sprachen (der Naturvölker) zu den Kultursprachen ist durch die vergleichende Sprachwissenschaft gründlich widerlegt worden. Selbst die abgeschieden lebenden Stämme der kalifornischen Indianer waren im Besitz einer äußerst komplizierten und subtilen Sprache. Es war praktisch unmöglich, diese Sprache grammatisch aufzuschlüsseln und in adäquater Weise zu übersetzen. Die wohl komplexeste Indianersprache überhaupt ist Comanche. Einzelne Laute werden gewispert, andere nur mit Hilfe der Larynx geformt. Im Ersten Weltkrieg benutzten die Amerikaner diese Sprache als Geheimcode. An beiden Enden der Telefonverbindung waren zwei Comanche-Indianer im Einsatz, die die in Englisch vorgelegte Militärbotschaft in ihrer Sprache über die Leitung sandten. Die Bedeutung der Botschaft war trotz angezapfter Leitung nicht herauszubekommen, da die Grammatik von den europäischen Sprachen zu weit entfernt ist und das Erlernen dieser Sprache mehrere Jahre intensiven Studiums bedarf.

Wir stellen fest: Alle Sprachen sind einmalig, und alle Sprachen sind perfekt. Sie enthalten morphologische, grammatische und semantische Komplexitäten und Strukturen, wobei niemand darauf gekommen wäre, es gerade so zu machen.

Den Stammesangehörigen der zahlreichen Naturvölker ist nicht bewußt, welch diffizile Kategorien sie verwenden. Auch die Struktur ihrer Grammatik kennen sie nicht; so kann das Sprachkonzept auch nicht von ihnen bzw. ihren Vorfahren entworfen worden sein.

Johann Peter Süßmilch stellte fest (1756), daß der Mensch die Sprache nicht erfinden konnte ohne den Besitz des Denkvermögens und daß das Denken wiederum abhängig ist von der vorherigen Existenz der Sprache. Die einzige Lösung dieses Paradoxons ist, daß Gott dem Menschen die Sprache gegeben hat. Fromkin und Rodman kommen zu dem sprachwissenschaftlichen Ergebnis: »Zur Zeit gibt es weder einen Beweis für noch gegen die Theorie der göttlichen Herkunft der Sprache, ebenso wie niemand einen wissenschaftlichen Beweis für oder gegen die Existenz Gottes ablegen kann.«

In der Tat — Gott kann man nicht beweisen, dennoch hat er sich in der Schöpfung so offenbart, daß wir durch Schlußfolgerung auf seine Existenz sowie seine Größe und Weisheit (Intelligenz) schließen können (Ps 19; Röm 1,19-20). Ebenso ist es mit der Herkunft der Sprachen. Eine evolutive Entwicklung ist eindeutig auszuschließen, so daß aufgrund der komplexen Wirklichkeit und des dahinterstehenden genialen Konzeptes in allen Sprachen ein Ideengeber zu fordern ist. Wir akzeptieren daher den biblischen Bericht, wonach Gott dem Menschen diese besondere Fähigkeit schöpfungsgemäß verliehen hat. Die Gabe der Sprache bezieht sich auf folgende Details:

- Erschaffung des zur Artikulation notwendigen speziellen Sprechapparates,
- Fähigkeit der Wortschöpfung (1 Mo 2,19),
- Fähigkeit der Spracherlernung,
- Kreativer Umgang mit dem Phänomen Sprache.

Ursprünglich gab es nur eine Sprache (1 Mo 11,1). Im Gericht von Babel (1 Mo 11,7) kam es zur Aufspaltung in viele Sprachen. Geblieben ist jedoch die Fähigkeit, alle Gedanken in Worten auszudrücken. (5)

Und Gott setzte sie an die Wölbung des Himmels, über die Erde zu leuchten und zu herrschen über den Tag und über die Nacht und zwischen dem Licht und der Finsternis zu scheiden.

1. Mose 1,18

Er hat uns aus der Finsternis zu seinem wunderbaren Licht berufen.

1. Petrus 5,9

Die Schöpfung verweist auf den Schöpfer

Die Werke der Schöpfung verkündigen, daß ein Gott ist, und sie geben Zeugnis von seiner großen Kraft. In Römer 1,19-21 wird deutlich, was die Gestirne und darüber hinaus die gesamte Schöpfung verkündigen:

»Denn was man von Gott erkennen kann, ist unter ihnen offenbar; Gott hat es ihnen offenbart. Denn Gottes unsichtbares Wesen, das ist seine ewige Kraft und Gottheit, wird ersehen seit der Schöpfung der Welt und wahrgenommen an seinen Werken, so daß sie keine Entschuldigung haben. Sie wußten, daß ein Gott ist, und haben ihn nicht gepriesen als einen Gott noch ihm gedankt, sondern haben ihre Gedanken dem Nichtigen zugewandt, und ihr unverständiges Herz ist verfinstert.«

Es gibt kein Volk auf dieser Erde, das nicht in irgendeiner Form an einen Gott glaubt. Das Zeugnis der Schöpfung ist so klar, daß die Weltallsweiten nicht aus sich selbst entstanden sein können. Sie schreien geradezu nach einem Schöpfer. In der Physik kennen wir ein grundlegendes Gesetz, es ist der »Energiesatz« oder das »Gesetz von der Erhaltung der Energie«. Es besagt, daß in unserer Welt Energie weder aus Nichts gewonnen noch vernichtet werden kann. Wie aber dann ist die Energie des Weltalls entstanden? Es bleibt nur ein Schöpfungsakt als einzige Lösung. Die evolutionistisch orientierte Urknalltheorie ist sowohl biblisch als auch naturwissenschaftlich unhaltbar.

Nach heutiger Erkenntnis ist das Universum mindestens 12 Milliarden Lichtjahre ausgedehnt. ... Wie groß und mächtig muß dann dieser Gott sein, wenn er durch ein Allmachtswort solche Energiebeträge freisetzt! Alles zeugt von der Kraft Gottes, die alles menschlich erdenkliche Maß bei weitem übersteigt. ... Als Paulus nach Athen kam, fand er einen Altar mit der Aufschrift: *»Dem unbekannten Gott«* (Apg 17,23) Die Athener verehrten viele Götter und weihten ihnen Altäre. Bei aller Unsicherheit wollten sie keinen vergessen, und so hatten sie einen Altar dem unbekannten Gott zugeordnet. Paulus knüpft an diese Erkenntnis an und verkündigt nun den ihnen bis dahin unbekannten Gott, nämlich den *»Gott, der die Welt gemacht hat und alles, was darinnen ist, der ein Herr ist des Himmels und der Erde«* (Apg 17,24). Paulus betont, daß wir es bei diesem Gott nicht mit einem fernen höheren Wesen »über'm Sternenzelt« (Schiller) zu tun haben, sondern daß dieser Gott ganz persönlich in unser Leben tritt. Er ruft uns zur Umkehr von unserem bisherigen Denken auf und bietet dafür den heilserforderlichen Glauben an Jesus Christus an.

»Die Zeit der Unwissenheit zwar hat Gott übersehen; nun aber gebietet er den Menschen, daß alle an allen Enden Buße tun. Denn er hat einen Tag gesetzt, an welchem er richten will den Erdenkreis mit Gerechtigkeit durch einen Mann (= Jesus), den er dazu bestimmt hat, und hat jedermann den Glauben angeboten, indem er ihn auferweckt hat von den Toten« (Apg 17,30-31). (6)

Heute — oder: »Wer immer wartet, kommt zu spät!«

Hektik auf der Intensivstation. In raschem Takt sendet ein Meßgerät akustische Signale, die für die herbeieilenden Schwestern und Ärzte Alarmstufe bedeuten.

Der Mann, um den es doch eigentlich geht, weiß nicht, daß der aufreizende Signalton mit ihm in Verbindung steht. Schmerz- und Beruhigungsmittel haben ihn in einen sanften Dämmerzustand versetzt.
Sein Bewußtsein wertet die Geräusche um ihn herum nicht mehr aus, setzt sie nicht mehr mit Ursachen in Verbindung. Elektroden, Schläuche, Katheter, Berührungen — er spürt sie fast nicht.

Als sein Bewußtsein noch aktiver arbeitete, hatte sich der Gedanke an das Sterben, das so nah gerückt war, angstvoll in ihm festgekrallt. Er fürchtete den Übergang und das Danach. Er wußte, seine Seele würde einen ewigen Tod sterben — ewig, weil unsterblich.
Die Last seines verlebten Lebens lag so schwer auf ihm. So viel Versagen, Schuld ... wohin, wohin damit ... seine unsterbliche Seele ... Schemenhaft tauchten Erinnerungen aus der Jugend in ihm auf ... niemals ergriffene Worte ... die sich ihm jetzt entzogen, als er danach greifen wollte.

Er fühlte schmerzhaft seine Schwäche, die keine tiefere Erinnerung und keinen Zugriff mehr erlaubte. Vor drei Wochen war ihm dieser Name noch gegenwärtig gewesen, dieser Name dessen, den er anrufen sollte, bitten sollte, für sich, um Vergebung all seiner Sünden.
Aber er hatte die Mahnung abgedrängt. Ärzte und Stammtischbrüder waren sich des Erfolgs der bevorstehenden Operation so sicher gewesen ... so sicher, auch er ... sterben — er? Noch nicht, niemals, nur andere sterben!

Als er nun an der Schwelle steht, das Leben im Rücken und Auge in Auge mit dem Sterben, ist der Name fort, versunken im Meer der Vergessenheit, das sein Bewußtsein umspült. Er fühlt sich müde, erfaßt gerade noch, daß es zu spät ist. Zu spät für diesen Namen, den er nicht gewollt hatte, als es Zeit war.

Sein Bewußtsein verdunkelt sich mehr und mehr, plötzlich ein Dröhnen in seinem Kopf, eine feuerrote Explosion, etwas rast auf ihn zu, Finsternis schlägt über ihm zusammen ...

Der Signalton erstirbt jäh.
»Vorbei!«, sagt der Arzt leise, als die Kurven auf dem Monitor verebben und zu einer Linie werden.
Für diesen Mann gab es keine Rettung, denkt er.
Als ob sie das nicht alle gewußt hätten, von Anfang an.
Aber es trifft jedesmal wieder neu.
Denn wir alle müssen sterben.

»Der Name Jesu Christi ... Es ist in keinem anderen das Heil, denn auch kein anderer Name ist unter dem Himmel, der unter den Menschen gegeben ist, in welchem wir errettet werden müssen« (Apg 4,10-12).

»Heute, wenn ihr seine Stimme hört,
verhärtet eure Herzen nicht« (Hebr 3,7).
Heute — für ein erneuertes, neues, ewiges Leben!
Ehe es zu spät ist.

Zwei Menschen — zwei Ewigkeiten

Totenmaske

Starre senkt sich
über den verlassenen Leib.
Auf dem fremdgewordenen
Gesicht schweigt
maskenstarr
der Abschied.

Hoffnung zu Asche.
Leib zu Staub.
Gewogen, gewogen,
und zu leicht befunden.
Ewigkeitsschwer die
Fesseln der
verlorenen Seele.

Gott aber sprach zu ihm:
Du Narr! in dieser Nacht
wird man deine Seele
von dir fordern.
Lukas 12,20

Lebensstrom

Dunkler Strom des Todes
seelenangstschwerelos
fällt die Maske.
Zeit versiegt.

»Tod, wo ist dein Stachel?«

Gottes Hand
tastet
den Ewigkeitspuls.

Gemessen und gezählt —
Lebensstrom des Auferstandenen
durchfließt ewig
die Seele.

Jesus sprach zu ihr:
Ich bin die Auferstehung
und das Leben;
wer an mich glaubt,
wird leben,
auch wenn er gestorben ist.
Johannes 11,25

Und Gott sprach: Es sollen die Wasser vom Gewimmel lebendiger Wesen wimmeln. 1. Mose 1,20

Wir wissen, daß wir aus dem Tod in das Leben hinübergegangen sind. 1. Johannes 3,13

Der Blauwal — Gigant im Tierreich

Ich bin der Größte unter allen 80 Walarten. Mit meinem Körpergewicht übertreffe ich um ein Mehrfaches selbst die Massen der legendären Saurier. Ich bin somit das größte Tier, das je auf Erden existierte. Um mein Gewicht von 140 000 kg (maximal 196 000 kg) zusammenzubringen, wäre eine Herde von 28 Elefanten oder 170 Ochsen erforderlich. Wollten Sie mich mit einer Menschenansammlung aufwiegen, dann bräuchten Sie an die 2000 Personen. Wenn Sie mich gar mit dem kleinsten Säugetier — der Etruskerspitzmaus — vergleichen, dann liegt zwischen uns ein Faktor von 70 Millionen! Auch mit meiner Länge kann ich Sie ins Staunen versetzen: Mit 33 Metern bin ich auch das längste Lebewesen überhaupt. Eine Kolonne von vier Autobussen überrage ich spielend.

Wenn Sie Zahlen lieben, dann kann ich noch mit einigen markanten Daten dienen: Mein Skelett wiegt 22 Tonnen und mein Speck sogar 25 Tonnen. Außerdem besteht mein Körper aus 50 Tonnen Fleisch. Meine Zunge ist so schwer wie ein Elefant. Mein Herz bringt es mit einem Durchmesser von 1,2 Metern auf das Gewicht eines Pferdes und pumpt die riesige Menge von 10 000 Litern Blut durch meinen Körper. Meine Hauptschlagader ist eine Röhre mit einem Durchmesser von über 50 Zentimetern. Meine Leber wiegt eine Tonne, und das gleiche Gewicht faßt mein Magen an Nahrung. Meine Niere hat das stattliche Gewicht eines Ochsen.

Sie halten mich nun wohl für einen regungslosen Berg von Fleisch und Speck? Urteilen Sie nicht zu früh! Ich bin dennoch ein Meister der Körperbeherrschung: Ich kann mühelos bis zu 200 Meter tief tauchen und halte problemlos Kurs auch bei starken Strömungen.

Schwimme ich an der Oberfläche, so bewege ich mich mit 28 km/h fort. Dabei muß mein Antrieb 864 kW (= 1175 PS) entwickeln, wofür in der Minute an die 20 000 Liter Sauerstoff nötig sind. Schwimme ich mit der gleichen Geschwindigkeit unter Wasser, so braucht mein Antrieb nur 124 kW (= 168 PS) und 1850 Liter Sauerstoff. Meine Lunge faßt ein Volumen von 3000 Litern! Das entspricht der Füllung von 750 Luftballons.

Hochleistungsmotor Fluke: Fasziniert dürften Sie auch von meiner riesigen Schwanzflosse, der »Fluke« (engl. fluke = Schwanzflosse), sein. Im Gegensatz zur Schwanzflosse der Fische steht diese bei uns waagerecht. Ihre Evolutionstheoretiker haben mir darum unterstellt, die Fluke sei eine Rückbildung der Hinterbeine unserer angenommenen landlebenden Vorfahren. Der wirkliche Grund ist jedoch ein anderer: Der Schöpfer hat unsere Schwanzflosse waagerecht angeordnet, weil dies strömungstechnisch für unser häufiges Auf- und Abtauchen weit vorteilhafter ist als die senkrechte Lage. Will ich abtauchen, so schlage ich die Fluke lediglich nach oben, im anderen Fall entsprechend nach unten.

Die Fluke bildet eine Fläche von zehn Quadratmetern. Das Material ist in äußerst komplizierter Form verarbeitet, um seine Aufgaben problemlos zu erfüllen. Mit der Fluke erzeuge ich den Vortrieb, und weiterhin benutze ich sie als Stabilisator und Steuerruder. Beim Vortrieb führe ich mit der Fluke eine Art Drehbewegung aus, deren Achse in Verlängerung der Wirbelsäule liegt. Ich kann zwar keinen vollen Kreis beschreiben wie eine Schiffschraube, sondern drehe jeweils um den gleichen Betrag hin und zurück, aber das Wirkungsprinzip ist mit dieser durchaus vergleichbar.

Bei meinen weltweiten Wanderungen halte ich bequem eine Marschgeschwindigkeit von 35 km/h aufrecht. Zeitweise vermag ich meine riesige Körpermasse sogar auf 50 km/h zu beschleunigen. Unsere Körperform und Haut sind so gestaltet, daß wir uns mit höchstmöglichem Wirkungsgrad fortbewegen können. Würden Ihre Strömungsingenieure ein Modell unseres Körpers anfertigen und mit der gleichen Antriebsleistung versehen wie sie bei uns installiert ist, so schwämmen wir dennoch bedeutend schneller.

Der Schöpfer hat uns eine besondere Haut als Energiesparmaßnahme verliehen, mit der wir Turbulenzen des am Körper vorbeiströmenden Wassers abbauen und in eine Laminarströmung mit geringerem Widerstand umsetzen. Dies geschieht u. a. durch die extra abgestimmte Geschmeidigkeit der Haut, die einen Teil der Turbulenzenergie des Wassers abfängt und über den ganzen Körper eine Dämpfung der hautnahen Wasserwirbel erreicht.

Vollbringt der Schöpfer nicht an jedem unserer Exemplare immer wieder neu ein Wunder? Wir sind aus einem ebenso mikroskopisch kleinen Ei entstanden wie eine Maus oder wie Sie. (7)

Lazarus — oder: »Der Tod kommt vor dem Leben«

(Johannes 11)

Die Menschen, die Jesus am Ende der drei Jahre seines Wirkens treffen, formieren sich zunehmend zu zwei Gruppen: Da sind die, die an ihn glauben und solche, die ihn verachten und ablehnen. Man greift zu Steinen, um den Verhaßten zu töten ... An der Person dieses Mannes scheiden sich sichtbar die Geister, trotz der vielen Zeugen, trotz der lebendigen Beweise seiner außergewöhnlichen Berufung.

Eine dritte Gruppe, die der jeweilige Augenblick zusammenführt, orientiert sich nur an den Wundern, die er vor ihren Augen tut — eine wundersüchtige Menge auf der Suche nach Unterhaltung. Sie wird sich zerstreuen, wenn die Wunder aufhören. Aber ER sucht Menschen, die um seines Wortes willen glauben, weil seine Person sie überzeugt, und nicht, weil sie von Unerklärlichem vorübergehend fasziniert sind.

In Bethanien, einem Dorf nahe bei Jerusalem, lebt eine kleine Familie, die an Jesus Christus glaubt. Hier spüren Menschen mit offenen Herzen den Geist Gottes, wie er ihnen aus den Schriften der Väter bekannt ist: nichts Spektakuläres und Neuartiges bringt Jesus Christus mit, sondern vor ihren Augen erfüllen sich die uralten Weissagungen der Prophetenworte des Mose, David, Jesaja, Jeremia, Micha, Sacharja ...

Dann berührt der Stachel des Todes die kleine Familie: Lazarus, der Bruder, wird krank. Die Schwestern senden erwartungsvoll eine Botschaft an den, der so viele geheilt hat, die er nicht einmal kannte.
ER kommt nicht. Lazarus stirbt.

Lazarus wird begraben, schnell, wie es geschehen muß in der Hitze Judäas.
Jesus kommt nicht.

Als er vier Tage nach Lazarus' Tod Bethanien erreicht, ist es zu spät. Er hat viele von Krankheiten geheilt, aber Tote kann man nicht heilen. Maria und Martha, die Schwestern des Lazarus, wissen, daß Lazarus auferstehen wird, »in der Auferstehung am letzten Tage.« Das ist zumindest ein Trost.

Aber was meint der Herr Jesus damit, wenn er sagt: »Ich bin die Auferstehung und das Leben. Wer an mich glaubt, wird leben, auch wenn er gestorben ist, und jeder, der da lebt und an mich glaubt, wird nicht sterben in Ewigkeit«?

Ja, auch das ist ein Trost, selbst, wenn die Schwestern ihn nicht völlig begreifen. Noch ist Jesus nicht gestorben, und ohne dies Sterben gibt es auch keine Auferstehung Jesu mit ihren Konsequenzen für das ewige Leben glaubender Menschen.

Da weint der Herr erschüttert über das Elend des Todes und über die verstörten Menschen, die er liebt. Er geht zum Grab und befiehlt, den Verschlußstein von der Grabhöhle zu entfernen. Entsetzt weist Martha darauf hin, daß der Körper des Lazarus bereits in Verwesung übergegangen ist: »Herr, er riecht schon, denn er ist vier Tage hier!«

Der Herr über Leben und Tod ruft Lazarus. Lazarus? Den Toten, dessen Körper sich bereits zersetzt? Er ruft Lazarus heraus aus den Toten als einen Wieder-Lebenden, der ihm aus dem Grab entgegenklettert und noch seine Leichenkleidung trägt. Lazarus ist auferweckt worden!

Freude an allen Orten!
Nein!

Das unvergleichliche Wunder ist das Wunder zu viel, daß dem Haß die Speerspitze aufsetzt. Die höchsten Priester betreiben nun mit Entschiedenheit Gefangennahme und Ermordung Jesu Christi. Auch Lazarus, der Überzeugungsträger des neuen Glaubens vieler Juden, soll sterben.

Sie verschließen die Augen und wollen das Leben mit dem Tod bekämpfen! Denn was nicht sein darf, kann nicht sein. Jesus Christus darf nicht der Messias sein! Sie fürchten um ihre Stellung und die nationalen Interessen. Wie würden die Römer auf einen Messias der Juden zu diesem Zeitpunkt reagieren?!

Und Lazarus? Ihm ist eine neue Spanne Zeit zubemessen, bis er sterben muß. Aber was hat der Herr Lazarus' Schwester Martha gesagt? Wer glaubt, wird leben, auch wenn er gestorben ist. Und: Wer lebt und an mich glaubt, wird nicht sterben in Ewigkeit.

Sicher, eines Tages wird Lazarus sterben — um weiterzuleben. Für einen Gestorbenen hält auch der Tod keine Schrecken mehr bereit.

... und die Vögel sollen über der Erde fliegen unter der Wölbung des Himmels! 1. Mose 1,20

Für die Freiheit hat Christus uns freigemacht. Galater 5,1

Der Goldregenpfeifer erzählt

Meine Geschwister und ich waren erst ein paar Monate alt. Wir hatten kaum fliegen gelernt, da verließen uns schon unsere Eltern. Sie flogen nach Hawaii voraus. Doch das wußten wir damals noch nicht. Ehrlich gesagt, interessierten wir uns auch nicht dafür. Im Gegenteil: Wir hatten vor allem großen Appetit und fraßen uns dick und fett. In kurzer Zeit nahm ich um 70 Gramm zu, daß heißt, um mehr als die Hälfte meines Körpergewichts. Das müssen Sie sich erst einmal vorstellen! Wissen Sie, wie Sie aussehen würden, wenn Ihnen in drei Monaten das gleiche passieren würde, wenn Sie statt 80 Kilogramm auf einmal zweieinhalb Zentner auf die Waage brächten?

Nun möchten Sie bestimmt erfahren, warum ich so viel fresse. Ganz einfach: Mein Schöpfer hat mich so programmiert. Ich brauche dieses zusätzliche Körpergewicht als notwendigen Treibstoff für die Flugreise von Alaska bis nach Hawaii. Das sind nahezu 4500 Kilometer. Ja, ja, Sie haben sich nicht verhört! Aber es kommt noch besser: Auf der ganzen Strecke kann ich mich nicht ein einziges Mal ausruhen. Leider gibt es unterwegs keine Insel, kein Eiland, kein trockenes Fleckchen; und schwimmen kann ich ja nicht, wie Sie wissen.

Eine Viertelmillion Liegestütze

Meine Altersgenossen und ich fliegen 88 Stunden — also drei Tage und vier Nächte lang — ununterbrochen über das offene Meer. Wissenschaftler haben ausgerechnet, daß wir dabei die Flügel 250 000 mal auf- und abbewegen. Stellen Sie sich vor, Sie müßten eine Viertelmillion Liegestütze machen; das etwa wäre ein angemessener Vergleich.

Nun frage ich Sie: Woher wußte ich, daß ich mir genau 70 Gramm Fett anfressen mußte, um bis Hawaii zu kommen?

Und wer sagte mir, daß ich nach Hawaii soll und in welche Richtung ich da fliegen muß? Ich bin doch die Strecke vorher noch nie abgeflogen! Unterwegs gibt es keinerlei Orientierungspunkte. Wie haben wir die winzigen Inseln im Pazifischen Ozean finden können? Denn hätten wir sie nicht gefunden, wären wir bei dem zu Ende gehenden Treibstoff ins offene Meer gestürzt. Viele hundert Kilometer ringsum ist doch nichts als Wasser!

Ein Autopilot

Immer noch zerbrechen sich Ihre Wissenschaftler den Kopf darüber, wie wir unseren Flugkurs bestimmen und korrigieren können, denn nicht selten werden wir auf unseren Flügen von Stürmen abgetrieben. Wir fliegen durch Nebel und Regen, und unabhängig von Sonnenschein, sternklarer Nacht oder völlig bedecktem Himmel kommen wir immer ans Ziel. Doch selbst wenn Wissenschaftler eines Tages etwas darüber herausfinden könnten, wüßten sie immer noch nicht, wie diese staunenswerten Fähigkeiten entstanden sind. Ich will es Ihnen verraten. Gott, der Herr, baute uns einen Autopiloten ein. Ihre Düsenjets haben ähnliche Navigationsinstrumente. Sie sind mit Computern gekoppelt, die ständig die Flugposition messen und sie mit dem einprogrammierten Kurs vergleichen, um dann die Flugrichtung entsprechend anzupassen. Unser Navigationssystem hat der Schöpfer auf die Koordinaten der Hawaii-Inseln einprogrammiert, so daß wir mühelos Kurs halten. Bedenken Sie nur: Dieser Autopilot ist auf kleinstem Raum untergebracht, und er arbeitet absolut betriebssicher.

Glauben Sie immer noch, das alles sei zufällig so geworden? Ich nicht! Überlegen Sie doch einmal: Ein Ur-Goldregenpfeifer — was immer auch das gewesen sein mag — hätte sich rein zufällig 70 Gramm Fett angefressen? Meinen Sie, daß er dann ebenso zufällig auf die Idee kam, loszufliegen? Flog er wiederum zufällig in die richtige Richtung? Wurde er über 4000 km nicht abgetrieben? Und fand er wiederum zufällig die richtigen Eilande im Ozean?

Und dann wären da ja noch die jungen Goldregenpfeifer. Hätten sie die gleichen Zufälligkeiten noch einmal erleben können? Bedenken Sie doch: (Eine winzige Abweichung vom programmierten Kurs würde genügen, und alle würden rettungslos zugrunde gehen.

Eine genau festgelegte Geschwindigkeit

Aber ich habe Ihnen noch nicht alles erzählt. Wenn ich die 4500 Kilometer in 88 Stunden fliege, beträgt meine Fluggeschwindigkeit etwa 51 Kilometer in der Stunde. Inzwischen haben Wissenschaftler ermittelt, daß das für uns die ideale Geschwindigkeit ist. Wenn wir langsamer fliegen, verbrauchen wir einen zu großen Treibstoffanteil allein für den Antrieb. Flögen wir schneller, würden wir zu viel Energie zum Überwinden der Luftreibung verschwenden.

Ein Rechenexempel

Können Sie gut rechnen? Nun, dann greifen Sie einmal zu Ihrem Taschenrechner. Wissenschaftler haben herausgefunden, daß wir Goldregenpfeifer pro Flugstunde 0,6 % unseres jeweiligen Körpergewichts in Bewegungsenergie und Wärme umsetzen. Übrigens sind Ihre Fluggeräte weitaus schlechter konstruiert. So braucht beispielsweise ein Hubschrauber im Verhältnis zu seinem Gewicht siebenmal und ein Düsenjäger sogar zwanzigmal mehr Treibstoff als ich.

Zu Beginn des Fluges wiege ich 200 Gramm! 0,6 % davon sind 1,2 g. Also wiege ich nach einer Stunde noch 198,8 g. Davon 0,6 % sind 1,19 g. Diese von 198,8 g abgezogen, ergeben 197,61 g. Soviel wiege ich nach der zweiten Flugstunde. Davon wieder 0,6 % abgezogen... Na, machen Sie noch mit? Sie werden es noch sehen, auch die Mathematik dient zur Ehre Gottes.

Am Ende meiner Reise darf ich nicht weniger als 130 g wiegen, denn bei diesem Gewicht sind alle meine Reserven erschöpft, und ich müßte ins Meer stürzen und ertrinken. Rechnen Sie darum bitte weiter: Nach der dritten Stunde wiege ich noch 196,42 g, nach der 4. noch 195,24 g ... Rechnen Sie nur — ich warte...

Was ist? Ach so, Sie meinen, die Rechnung kann nicht aufgehen; und Sie sind sicher, ich würde mit meinen 70 g Fett nicht ans Ziel kommen? Sie haben festgestellt, daß ich 82,2 g Fett benötige. Das stimmt, Sie haben korrekt gerechnet: Nach 72 Flugstunden wäre alles »Treibfett« vollständig verbraucht, und ich müßte — 800 Kilometer vor dem Ziel — ins Meer stürzen.

Eine einzigartige Lösung

Sehen Sie, auch das hat mein Schöpfer wohl bedacht. Er gab jedem von uns zwei lebenswichtige Informationen mit: »1. Fliege nicht allein über das große Meer, sondern immer in Gemeinschaft mit anderen« — und — »2. Ordnet euch bei diesem Flug immer in Keilformation an!« Im Keilflug spart — im Gesamtmittel gerechnet — jeder gegenüber dem Einzelflug 23 % Energie ein. Natürlich gilt diese Einsparungsrate nicht für den jeweiligen Vormann an der Pfeilspitze, aber er trägt die Last ja auch nicht ständig. Die Stärksten wechseln sich vorne ab, denn dort ist die Belastung am größten und im hinteren Teil der Kette wird entsprechend weniger Energie benötigt. So praktizieren wir in der Gemeinschaft eine Verhaltensweise, die in Ihrer Bibel als das Gesetz Christi bezeichnet wird: »Einer trage des andern Last« (Gal 6,2). So können wir unser Winterquartier sicher erreichen. Jeder von uns hat sogar noch ein paar Gramm Fett übrig. Unser Schöpfer plante das für den Fall ein, daß auch einmal Gegenwind aufkommen kann. Er hat uns auch darin wunderbar versorgt. (8)

Eden — oder: »Das Ende unserer Freiheit« (1. Mose 2 + 3)

Gott pflanzt einen Garten in Eden.
Unvorstellbar schönes Domizil der ersten Menschen! Ein Mann und eine Frau sind nach Gottes Bild unter seinen formenden Händen entstanden.
Liebevoll schafft Gott ihnen einen Rahmen, der ihrem Charakter entspricht.
Ökonomisch und planerisch befähigt, werden die Menschen das Reich der Tiere und Pflanzen verwalten. Sie sind mit moralischen Eigenschaften wie Treue, Vertrauen und Willen zum Guten ausgestattet.

Ihr komplexes Intelligenzgefüge ist mit Ästhetik und konstruktivem Bewußtsein kombiniert.

Gott bereitet den ersten Menschen den Garten Eden. Hier begegnen sich Gott und seine Menschen: hier ist das Paradies. Gott redet mit ihnen und sie mit Gott, ganz direkt. Eden ist die Idealumwelt des Menschen.
Ihrer Nachkommenschaft wird es mit der Flamme des kreisenden Schwertes verwehrt sein.

Wo ist Eden geblieben? Wer hat Eden zerstört?

Ein Baum stand in Eden.
Einer und viele andere.
In der Mitte Edens wuchs der Baum des Lebens.
Von ihm aßen die Menschen nicht.
Denn sie lebten ja!

Ein Baum stand in Eden.
Seine Frucht war die Erkenntnis des Guten und
des Bösen.
Und in ihrem Genuß lag der Tod.

Ein Baum stand in Eden.
Eva und Adam genossen seine Frucht.
Als Verführte des Großen Verführers, aber
immerhin frei:
Keiner zwang die Menschen. Sie waren
Opfer ihrer Lust, die Freiheit, die Gott ihnen
geschenkt hatte, gegen ihn zu gebrauchen. Und
sie opferten Eden ihrer Illusion
von Freiheit.
Ohne die Lust zum Bösen kam keines der Menschenkinder danach zur Welt, außer ... davon später!

Ein Baum stand in Eden.
Wir erkennen Gutes und Böses.
Wir unterscheiden es.
Der Große Verführer versprach den Menschen:
»Ihr werdet sein wie Gott!«
Er hat gelogen, wie er immer lügt.
Eden ist verschlossen, zerstört.

Das Paradies des Menschen ist immer nur
bei Gott.
Aber Gott nahm Abschied von Eden und von
seinen verlorenen Menschen.

Vor Eden kreiste die Flamme.

Gutes und Böses wohnen seitdem
auf der Erde, oft dicht beieinander
in den Herzen der Menschen.
Alle Paradiese, die sich die Menschen
später schaffen,
bleiben nur Abziehbilder Edens,
mühsam erschaffene, schnell zerstörte,
tanzende Schemen
vor den Schatten
der heraufziehenden Nacht.

Ein Baum stand in Eden,
versprach Freiheit.
Und barg in seiner Frucht den Tod.

Ein Baum stand in Eden
An ihm entschied sich das Schicksal der Menschheit.

Eine Krippe stand in Bethlehem.
In ihr lag der neugeborene Erlöser der Welt.

Ein Kreuz stand bei Jerusalem.
An ihm hing der sterbende Erlöser der Welt.

Eden — Bethlehem — Jerusalem:
eine denkwürdige Route
zur Freiheit.

Christus durchlebte sterbend am Kreuz drei Stunden der Finsternis und ertrug Gottes Gericht, das an ihm als Stellvertreter der sündigen Menschen vollzogen wurde. Kettenschwer lastete die entsetzliche Schuld auf ihm, die nicht seine eigene war. Erstickend empfand er die atemberaubende Selbstsicherheit, mit der die Menschen zu ihren Taten geschritten waren, die er jetzt auf sich nahm. Seine Seele war zerrissen von dem Leid und der Trauer derer, die zu Zielscheiben und Opfern des Hasses zwischen Menschen gemacht worden waren.

Christus, der nie die Fesseln der Sünde gekannt hat, an die wir uns so sehr gewöhnt haben, empfand, wie tief seine geliebten Menschen in Sklaverei stecken.

Drei Stunden der Finsternis, dann das dunkle Tal des Todes — und dann Freiheit für die geliebten Verlorenen Kinder seines Vaters!
Christus trank den bitteren Kelch des Todes bis zum letzten Tropfen.
Damit war die Freiheit besiegelt! Und nun?

Aufbruch in die Freiheit

Ratlos sehen die Sklaven zu, wie ihnen die eisernen Ketten abgenommen werden sollen. »Wohin sollen wir mit der Freiheit? Wir waren gewöhnt an die Fesseln, an Zuckerbrot und Peitsche unseres Grausamen Herrn, in dessen Knechtschaft wir unseren Lüsten und Trieben, unserem Haß und unserer Selbstliebe nachgehen durften, nachgehen mußten. Womit wir ihm dienten? Das war billig: mit nichts, mit nichts als nur unserer Seele!
Was interessiert uns unsere Seele?«

Nein, diese Sklaven lieben die Sklaverei. Achselzuckend geht der Sklavenwärter zu anderen Sklaven und bietet ihnen die Freiheit an. Argwöhnisch fragt ein Sklave: »Und wer hat den Preis für meine Freiheit bezahlt?«

»Jesus, der Sohn des Vaters«, erwidert der Wärter.
Da weigert sich der Sklave. Er lehnt den Sohn ab, weil er den Vater nicht liebt.

Ein Sklave liegt in der Ecke. Er hat sein Leben gelebt, nicht schlechter als die anderen. Nun ist er todkrank. Sein Körper ist zerstört von seiner Krankheit und seine Seele nicht weniger verwüstet als die der anderen Sklaven.

»Schließ mich los«, bittet er den Wärter. »Ich sehne mich nach Freiheit. Der Grausame hat mich das Zuckerbrot probieren lassen und mit der Peitsche seinen Tribut gefordert. Meine Fesseln sind geschmiedet aus meinen bösen Taten, die mein Tribut an ihn waren. Mach mich los, daß ich Jesus, den Sohn des Vaters, sehe und ihm mein bißchen Leben und meine arme Seele schenke als Dank für die Freiheit.«

Befreit geht der Sklave davon, einem neuen Leben entgegen. Der Grausame — Gottes Widersacher, Satan — hat sein Recht auf ihn verloren.

Und auf unsere Freiheit — unser bißchen Leben und unsere Seele — hat Christus das Recht erworben, wenn wir seine Befreiung (die für ihn so kostspielige!) annehmen.

Er sagt: »Kommet her zu mir, alle ihr Mühseligen und Beladenen,
und ich werde euch erquicken (Ruhe geben).
Nehmt auf euch mein Joch und lernt von mir,
denn ich bin sanftmütig und von Herzen demütig,
und ihr werdet Ruhe finden für eure Seelen.
Denn mein Joch ist sanft und meine Last
ist leicht.« (Matthäus 11,28-30)

Diese Freiheit des sanften Joches und der leichten Last verändert alles. Das Sklavenleben an der langen Leine der Wünsche und Begierden endet im Tod. Nur ein Sklavenherz würde sich je danach sehnen.

Jahrhundertwerk

Wir suchten Freiheit
bei roten und schwarzen
Fahnen
unter dem Zeichen der Schlange.
Fäuste zum Himmel gereckt.
Auf Brüder, zur Sonne,
zur Freiheit. Wir
lösten Höllenhunde.

Gebt mir zehn Jahre!
Und wir erkannten uns
nicht wieder.

Wir stiegen ein in das
Wohlstandskarussell.
Unabhängigkeit ist Freiheit!
Der Schalthebel brach. Rasend
schleuderte es uns
gegen den Himmel
hinaus.

Noch dreißig Jahre,
und ihr werdet die Erde
nicht wiedererkennen!

Wir schufen ein Raumschiff
aus Drogen
Meditation
Psychedelic und Rock.
Süßer Geruch der Freiheit —
heißes Haschen nach Wind.
Highway — high way
Highway to hell.
High zur Hölle. Schnell-
straße zur Hölle.

So viele
Spielarten
für das Heer der Sklaven.

»Sie versprechen
ihnen Freiheit,
während sie
selbst Sklaven
des Verderbens sind.
Denn von wem
jemand überwältigt ist,
dem ist er auch
als Sklave
unterworfen.«
2. Petrus 2,19

Und Gott sprach: Die Erde bringe lebende Wesen hervor nach ihrer Art!... Und es geschah so. 1. Mose 1,24

Als aber die Fülle der Zeit kam, sandte Gott seinen Sohn, geboren von einer Frau. Galater 5,1

Leid — oder: »Warum gerade ich?«

»Zwei kurze Leben« betitelte ein Magazin eine Fotoreportage einer jungen, schwer krebskranken Fotografin aus den USA (Zeit-Magazin vom 25.5.1990).
Stille Schwarz-Weiß-Aufnahmen registrieren das monatelange Krebssterben der vierjährigen Zwillinge Brad und Brodie, das durch ihre angeborene Immunschwäche verursacht worden war. Ein Bild zeigt Brodie mit heruntergerutschter Pyjamahose und riesigem chemotherapieenthaarten Schädel über ein Tischchen gebeugt: Vierjährige Erschöpfung, Trauer, Resignation, den Betrachter im Innersten erschütternd.

Keri Pickett, die Fotografin, kommentiert dieses Foto: »Es ist weder fair noch gerecht. Es ist so.«
Nicht fair, nicht gerecht — aber es ist so. Warum? Warum? Erwarten wir nicht Fairneß von Gott, Gerechtigkeit?

Es gibt keine Pauschalantwort auf das Leid in der Welt. Aber kein Mensch kommt am »Warum« vorbei. Und unsere Antwort? Machen wir Gott verantwortlich?
Gott, den wir anklagen, dem wir Steine entgegenwerfen wollen, weil er scheinbar nicht hört, dem wir das Leid anlasten, hat selbst unendliches Leid getragen.

Das war am wenigsten fair, am wenigsten gerecht, sogar von unserem Standpunkt von Schuld und Vergeltung aus gesehen. Gott ist gerecht — und trug den tiefsten Schmerz. Dieser Schmerz hätte andere treffen müssen. Andere? Uns!

Gott ist ein Vater, dessen Kinder in Rebellion gegen ihn traten, mißtrauisch, trotzig, voller Haß. Generationen »Verlorener Kinder«.
Sie lebten ihren Haß gegen ihn aus, indem sie auf abseitigen Wegen zerstörerische Energien gegeneinander einsetzten, planerisch subtil, mörderisch kreativ, aber auch triebhaft, hervorbrechend.

Die Verlorenen Kinder ließen sich nicht zur Umkehr rufen, fanden den mahnenden Vater unbequem. Sie schmeckten die Folgen ihrer Taten. Sie schüttelten sich und zeigten ihm die Fäuste.

Mahner traten hervor. Die Verlorenen Kinder reagierten mit Abneigung und brachten sie zum Schweigen.

Zuletzt schickte der Vater ihnen seinen Sohn, der ganz seine Charakterzüge wiederspiegelte, seinen Erstgeborenen, der sich nie aus seiner Sphäre entfernt hatte, dessen Seele vollkommen unbefleckt war. »Den einzigen Sohn, den werden sie scheuen.«

Sorgsam kündigte er den Sohn vorher an, verständigte die Verlorenen Kinder über seinen Plan. Einige wachten auf und erwarteten den Ankommenden.

Aber als er erschien, brandete ihm instinktiver Haß von den Vielen entgegen und — Mißtrauen, denn nach ihrer langen Erfahrung mit sich selbst glaubten sie nicht an einen fleckenlosen Charakter. Sollte etwa einer besser sein als sie?!

Die Verlorenen Kinder leugneten seine Sohnschaft und stellten ihn auf ihre Stufe. Aber er hörte nicht auf, vom Vater zu reden. Da wollten sie den Unbequemen zum Schweigen bringen und beseitigten diesen Einzigen und Gerechten am Ende auf so schmerzvolle Weise, wie sie gelernt hatten, zu tun.

Wenige standen außerhalb — auf der Seite des Gerechten.
Da — sein Tod ließ einige aufmerken.
War dieser Mann am Ende wirklich der angekündigte Sohn?
»Als die Fülle der Zeit gekommen war, sandte Gott
seinen Sohn, geboren von einer Frau.«
Gott litt den tiefen Schmerz, daß sein einziger Sohn auf die Stufe von Schuldbeladenen hinabgezogen wurde und einen entsetzlichen Tod starb. Er litt — nicht aus Fairneß, sondern aus Liebe zu uns Menschen, den Verlorenen Kindern.
Leiden wir um einen Menschen? Um uns selbst?
Gott hat vor uns, mit uns und für uns gelitten.

Noch einmal zurück zu Brad und Brodie.
Als Brad im März 1989 starb, schaute Brodie in den Sarg seines Bruders, den er erstmals ohne Schläuche sah. Er sagte: »Ich gehe jetzt auch bald zu Jesus.«
Er ging fünf Monate später, im August 1989.

Warum läßt Gott das Leid zu?

Vor dem Sündenfall gab es weder Tod noch Leid, weder Schmerz noch irgendetwas von dem, was uns heute so viel Mühe macht. Gott hatte alles so gestaltet, daß der Mensch unter idealen Bedingungen leben konnte.

In freier Entscheidung ging der Mensch eigene Wege, die von Gott wegführten. Warum Gott uns einen so weiten Freiheitsradius zubilligt, können wir nicht erklären. Wir stellen aber fest: Wer von Gott weggeht, gelangt ins Elend. Diese bittere Erfahrung machen wir bis zum heutigen Tag. Manche Menschen sind dazu geneigt, Gott die Schuld zuzuschieben. Dabei sollten wir bedenken, daß nicht Gott, sondern der Mensch der Verursacher ist. Wenn wir des Nachts auf der Autobahn das Scheinwerferlicht ausschalten und es so zu einem Unfall kommt, dürfen wir nicht dem Autohersteller die Schuld geben. Er hat die konstruktiven Vorgaben für die Beleuchtung gegeben; wenn wir sie willentlich abschalten, ist das allein unsere Sache.

»Gott ist Licht« (1 Joh 1, 15), und wenn wir uns in die Finsternis der Gottesferne begeben, dürfen wir uns nicht bei dem Schöpfer beklagen, der uns doch für seine Nähe geschaffen hat. Gott ist und bleibt ein Gott der Liebe, denn er hat Unvorstellbares getan: Er gab seinen eigenen Sohn dahin, um uns aus unserer selbstverschuldeten Situation freizukaufen. Jesus sagt von sich in Johannes 15,13: »Niemand hat größere Liebe denn die, daß er sein Leben läßt für seine Freunde.« Gibt es eine größere Liebe? Nie ist etwas Größeres für den Menschen vollbracht worden als in der Tat auf Golgatha: Das Kreuz ist somit der Höhepunkt göttlicher Liebe.

Wir leben alle — ob gläubig oder ungläubig — in der gefallenen Schöpfung, in der das Leid in all seinen uns wohlbekannten Ausprägungen genereller Bestandteil ist. Nicht deutbar bleibt für uns das individuelle Leid. Warum geht es dem einen gut, und der andere ist durch Not und schwere Krankheit hart geschlagen? Oft muß der Gläubige sogar mehr leiden als der Gottlose, wie es der Psalmist feststellt:

»Denn es verdroß mich der Ruhmredigen, da ich sah, daß es den Gottlosen so wohl ging. Denn sie sind in keiner Gefahr des Todes, sondern stehen fest wie ein Palast. Sie sind nicht im Unglück wie andere Leute und werden nicht wie andere Menschen geplagt« (Ps 73,3-5).

Er findet aber auch die rechte Einordnung seiner individuellen Not, die er nicht als Strafe für eigene Sünde ansieht. Er hadert nicht mit Gott, sondern klammert sich fest an ihn:

»Dennoch bleibe ich stets an dir! Denn du hältst mich bei deiner rechten Hand, du leitest mich nach deinem Rat und nimmst mich endlich mit Ehren an... Wenn mir gleich Leib und Seele verschmachtet, so bist du doch, Gott, allezeit meines Herzens Trost und mein Teil« (Ps 73,23-24 + 26). (9)

Und Gott schuf den Menschen nach seinem Bild, nach dem Bild Gottes schuf er ihn. 1. Mose 1,27

Wenn jemand in Christus ist, so ist er eine neue Schöpfung; das Alte ist vergangen. 2. Korinther 5,17

Ich — oder: »Der Blick in den Spiegel«

Und der Herr sah, daß des Menschen Bosheit groß war auf Erden, und alles Gebilde der Gedanken seines Herzens nur böse den ganzen Tag.

Die Bibel, 1. Mose 6,5

Der Mensch: »Er ist schwach und gemein.«

Dostojewskij in »Die Brüder Karamasoff«

»So ist der Mensch ... er hat zwei Gesichter:
er kann nicht lieben, ohne sich selbst zu lieben.«

Albert Camus, in »Der Fall«

Spiegelszenen:

— Narziß

Solange ich denken kann, war alles in meinem Leben darauf ausgerichtet, mir die bestmöglichen Bedingungen zu schaffen. Einzelkind, das ich war, blieb ich König und Haustyrann bis zu Beginn meines Studiums, als mir die allzuenge Bindung an elterliche Rockschöße lästig wurde und ich meine Eltern konsequent abnabelte. Nicht, daß es zu einer Szene kam! Ich haßte Szenen! Ich machte ihnen höflich deutlich, daß meine Standards gestiegen waren und ordnete sie dem Kreis gelegentlich zu pflegender Beziehungen zu. Sie hatten das Geld. Ich brauchte das Geld. Sie liebten mich. Sie brauchten mich. So einfach war das.

Ich liebte auch — das Bild, das mir im Spiegel begegnete.
Mein Bild. Mich.

Auf dieser Ebene konnten wir uns treffen.

— Spieglein, Spieglein ... Wer ist der Größte!

Ich war stark, blieb stark, zog ungebremst steil nach oben davon, machte Karriere. Diszipliniert und zielbezogen ließ ich mich auf keine Beziehung ein, die einen unkalkulierbaren Gefühlsaufwand von mir gefordert hätte. Ich heiratete. Kalkuliert.

Meine Eltern waren längst im Altenheim. Ich mochte den Geruch des Alters nicht. Weihnachten ließ ich von mir hören.

Ich verzettelte mich nie, zog regelmäßig Bilanz, wie effektiv meine knappen Ressourcen Zeit und Geld eingesetzt waren. Ich schraubte die Ziele, die ich erreichen wollte, höher und maß an anderen Aufsteigern die Dehnbarkeit der Möglichkeiten. Ich haßte und bekämpfte meine Konkurrenten mit diszipliniertem, gesteuertem Haß. Ich war erfolgreich auf der ganzen Linie.

Im Spiegel sah ich immer das Bild des Erfolgreichsten. Ich stach sie alle aus.
Schneewittchen und die Zwerge stiegen aus der Kalkulation aus.
Vor dem Scheidungsrichter trafen wir uns wieder.

Der Sieger lächelte im Spiegel. Mein Bild. Ich, der Erfolgreichste und keiner neben, keiner über mir, keiner zwischen mir und meinem Ich.

— Der unbestechliche Spiegel

Ich will nicht erzählen, wie es dazu kam; das führt zu weit. Wichtig ist allein, daß es dazu kam.
Ich sah in einen Spiegel, einen anderen, nicht den meinen.
Gott hielt ihn mir vor, bei einer Predigt, die ich gar nicht hatte hören wollen. Ich wollte mich umdrehen, fortlaufen, aber der Spiegel zwang mich zum Stillhalten.

Mein Gott — was sah ich?
Mein Bild. Mich.
Ich sah den Wurm, der an mir fraß:
mich, der ich mich selbst verzehrte.
Die Gemeinheit, die meine Züge verzerrte.
Die giftschwarze Zunge mit dem wohlberechneten Sarkasmus.
Die ausgebrannte, verfallene Ruine, die ich war
hinter der Fassade des Aufsteigers.
Ich? Ja, ich!

Das reichte
nicht zum Leben und
nicht zum Sterben.
Ich rang lange mit dem Spiegel,
aber die Schuppen, die mir
von den Augen gefallen waren,
ließen sich nicht an den alten Platz
zurückbefördern.

Mein Spiegel — mein Maßstab — war
ein Lügner.
Ich war ein Lügner.

Auf dieser Ebene traf mich Gott.

Ich kehrte um, zerbrochen
im Zentrum Ich,
geheilt an meiner Seele,
als eine neue Schöpfung.

— Christus im Spiegel

Wenn ich jetzt in den Spiegel sehe, habe ich ein neues Gegenüber.
Mein Gegenüber ist Christus.
Sein Charakter, seine Konturen, seine Persönlichkeit zeichnen sich im Spiegel ab. Ich habe mich sozusagen hinter seine Person gestellt. In ihm, der als mein Stellvertreter meine Schuld am Kreuz trug, bin ich ein neuer Mensch.

Vor dem Spiegel wird mir zwar deutlich, wie sehr ich in der Praxis von dieser Vorgabe abweiche. Aber ich weiß auch, daß Gott mit seinem Spiegel an mir arbeitet und mir Christus als Vorbild zeigt.

Das Alte ist tatsächlich vergangen. Manches ist nicht mehr zu reparieren: Meine Eltern sind längst gestorben, und Schneewittchen hat einen anderen Prinzen gefunden. Mir ist zwar alle Schuld vergeben worden, aber die Wunden, die ich anderen zufügte, sind jetzt mein Schmerz: Ich kann nichts von allem rückgängig machen, mein Leben lang nicht.

Meine Karriere, meine Standards, mein Lebensstil, die Spiegelbilder meiner verkleideten Erbärmlichkeit, haben ihren Wert verloren. Mit Christus lerne ich anzufangen und Beziehungen zu knüpfen und zu pflegen, ohne Vorteile zu suchen. Ein schwerer Lernprozeß ...
Ein anderer Geist hat Besitz von mir ergriffen, der Geist Christi, der Heilige Geist.

Gottes Wort ist mein täglicher Spiegel geworden, manchmal unbequem, aber immer realistisch, ein Beurteiler und Maßstab meiner Gedanken und Handlungen.

Das Verhalten des Menschen

Ob der Mensch »gut« oder »böse« ist, hat viele Dichter und Denker bewegt und sie zu mancherlei Theaterstücken, Gedichten und Erzählungen inspiriert. Es ist die Grundlage wohl aller Philosophien, daß der Mensch im Grunde seines Wesens gut sei (z. B. Humanismus, Marxismus). Es soll nun die Aussage der Evolutionslehre betrachtet werden:

Evolution: An Hand mehrerer Zitate soll belegt werden, daß hier die einhellige Meinung besteht, der Mensch sei ein aggressives, selbstsüchtiges Wesen. So schreibt der Biologe Joachim Illies: »Der Faustkeil als Mittel, um die Aggression wirksamer zu gestalten und durchzusetzen, ist tatsächlich der greifbare Beweis für die Menschwerdung.« Noch deutlicher wird der Freiburger Biologe Hans Mohr: »Der Mensch, die Art Homo sapiens, ist seinerzeit — gegen Ende des Pleistozäns — als Ergebnis einer natürlichen Selektion entstanden, in der Auseinandersetzung ... im Kampf mit anderen Hominiden und mit seinesgleichen. Daraus folgt zwangsläufig, daß Haß und Aggression, die Neigung zum Töten, dem Menschen angeboren sind ... Mord, Totschlag, Folter und Genozid markieren die Kulturgeschichte des Menschen. Pol Pots Mörderkinder sind kein einsamer Exzeß, sondern eher die Regel. Auch die Ritualisierung des Mordes — der ritterliche Kampf, das Duell, die Haager Landkriegsordnungen — sollte niemand darüber hinwegtäuschen, daß das ritualisierte, sozusagen kultivierte Töten und das rücksichtslose, erbarmungslose, lustbetonte Morden dieselbe genetische Grundlage haben.« Mohr stellt die konsequente Frage: »Wie sind wir zu diesen entsetzlichen Genen gekommen?« Seine Antwort, uns haften noch »die Eierschalen der Evolution« an, paßt gut ins Denkgebäude der Evolution hinein, ist aber — wie wir nun zeigen werden — biblisch falsch.

Bibel: Auch die Bibel beschreibt das Wesen des Menschen keineswegs als gut. Schon wenige Zitate ergeben ein klares Bild der Diagnose Gottes über den Menschen:

»Das Dichten und Trachten des menschlichen Herzens ist böse von Jugend auf.« 1. Mose 8,21

»Aber sie sind alle abgewichen und allesamt untüchtig; da ist keiner, der Gutes tue, auch nicht einer.« Psalm 14,3

»Das ganze Haupt ist krank, das ganze Herz ist matt. Von der Fußsohle bis aufs Haupt ist nichts Gesundes an ihm.« Jesaja 1,5-6

»Denn aus dem Herzen kommen arge Gedanken, Mord, Ehebruch, Unzucht, Dieberei, falsch Zeugnis, Lästerung.« Matthäus 15,19

Der faktische Befund über das menschliche Verhalten ist damit sowohl in der Evolutionslehre als auch in der Bibel vergleichbar. Zwischen den Begründungen dieses Sachverhalts liegen allerdings Welten. Was die Evolutionslehre als unvermeidliche Hypothek aus dem Tierreich deutet, markiert die Bibel als Folge des Sündenfalles. Zu diesem gravierenden Ereignis gibt es ein »Davor«, das den Menschen in Gottesebenbildlichkeit sieht (1 Mo 1,27; Ps 8,6), und ein »Danach«, das ihn als böses (1 Mo 8,21), vergehendes (Ps 90,5-9) und verlorenes Wesen (2 Kor 4,3) kennzeichnet. «Der Mensch ist nicht böse geschaffen« (Sir 10,22), sondern erst durch den Fall böse geworden. Hieraus folgen zwei grundverschiedene Wege: Ist der Mensch sündig, so braucht er Erlösung, ist sein Fehlverhalten als Evolutionsfaktor deutbar, so braucht er sie konsequenterweise nicht. (10)

Und Gott sprach: Siehe, ich habe euch alles samentragende Kraut gegeben, das auf der Fläche der ganzen Erde ist... es soll euch zur Nahrung dienen. 1. Mose 1,29

Nicht vom Brot allein soll der Mensch leben, sondern von jedem Wort Gottes. Lukas 4,4

Nicht vom Brot allein ... oder: »Die Stunde der Versuchung«

Kaum, daß Jesus sich zum erstenmal öffentlich gezeigt hat, tritt er schon wieder zurück, wird in die Einsamkeit der Wüste geführt. Vierzig Tage lang fastet der menschgewordene Sohn Gottes, der, wie Paulus später schreibt, »Knechtsgestalt annahm, indem er den Menschen gleich geworden ist« (Philipper 2,7) und nun die Schwäche dieser »Knechtsgestalt« des Körpers erleidet. Denn ihn hungert.

Ein satter Mensch kennt nicht die Erniedrigung, die Hunger und Durst und Schwäche des Körpers bewirken. Aber hier steht ein hungernder Mensch. Hungernder Sohn Gottes in Knechtsgestalt.

Der Verführer — wir kennen ihn bereits aus Eden! — setzt bevorzugt dort an, wo ein Mensch körperlich, seelisch oder charakterlich in einer Grenzsituation steht.

Er ist auch jetzt zur Stelle und weiß, daß es um mehr geht als um Brot. Dieser Mensch Jesus darf nicht ans Ziel kommen und dadurch seine Gewalt über die Menschen gefährden! Der Verführer geht aufs Ganze und setzt seine vielerprobte Taktik ein.

Der Verführer: »Wenn du Gottes Sohn bist, so sprich zu diesem Stein, daß er Brot werde.«

Jesus: »Es steht geschrieben:
Nicht vom Brot allein soll der Mensch leben,
sondern von jedem Worte Gottes.«

In einem imposanten Panorama läßt der Gaukler von Anfang die Reiche der Erde an Jesus vorbeiziehen.

Der Verführer: »Ich will dir alle diese Gewalt und ihre Herrlichkeit geben ... Wenn du nun vor mir anbeten willst, soll sie alle dein sein.«

Jesus: »Es steht geschrieben:
Du sollst den Herrn, deinen Gott, anbeten und ihm allein dienen.«

Die Zinnen des großartigen herodianischen Tempelbaus in Jerusalem leuchten in blendender Weiße. Ein drittes Mal tritt der Tödliche Versucher an Jesus heran, indem er lockt:

Der Verführer: »Wenn du Gottes Sohn bist, so wirf dich von hier hinab. Denn es steht geschrieben: Er wird seinen Engeln über dir befehlen, daß sie dich bewahren ...«
(er zitiert eine alttestamentliche Zusage).

Jesus: »Es ist gesagt:
Du sollst den Herrn, deinen Gott, nicht versuchen.«

Hier läßt einer den Versucher keinen Schritt vorwärtskommen. »Wenn du Gottes Sohn bist«, so ist die Schlinge ausgelegt. Aber im Gegensatz zu den ersten Menschen in Eden läßt der Herr Jesus nur gelten: Gott hat gesagt! »Es steht geschrieben.«

Gottes menschgewordener Sohn will nicht sündigen, wird nicht sündigen — *kann* nicht sündigen. Er ist rein bis in die feinsten Verästelungen seines Seins, und sein Charakter ist ohne Makel. Die Sünde der Menschen berührt ihn, trifft ihn und erschüttert ihn in den Tiefen. Wie erträgt ein Mensch ohne Sünde die vergiftete Sphäre, in der die Menschen denken, leben und agieren?

Er leidet, sucht mit dem Druck, der auf seiner Seele liegt, Zuflucht bei seinem Vater. Er schöpft Kraft aus dem intensiven Verhältnis zu seinem Vater, immer wieder neue Kraft, die er weitergibt, mit der er tröstet und — als Herr über Leben und Tod — heilt, Tote auferweckt und predigend vor Tausenden Gottes Liebe und Gottes Anspruch auf den Menschen enthüllt.

Er setzt Gottes Gedanken in Worte um, die seine Zuhörer verstehen, die in Ohr, Herz und Gewissen eingehen können, wenn der Hörer sich ihnen öffnet. Gott redet durch ihn.

Er selbst ist das Wort Gottes.
Das letzte Wort Gottes
an eine Menschheit, die ihrer Schuld
und dem Gericht Gottes
verfallen ist
und an diesem Wort Gottes
gemessen werden wird.

Dieses intensive Verhältnis von Gott, dem Vater und seinem menschgewordenen Sohn erlaubt dem Widersacher Gottes nicht, sie gegeneinander auszuspielen.

Wie man der Versuchung widersteht

Ein intensives Verhältnis zu Gott, dem Vater, ist es auch, das seine neugeborenen Kinder bewahrt, wenn der Versucher aus Eden an sie herantritt. Er tut das durch andere Menschen, er naht mit Worten, intellektuell verpackt oder ironisch angespitzt, er bietet Geschenke, Karriere, Macht über Menschen ...
Unsere dunklen »versuchlichen« Stellen schöpft er bis in die Tiefen aus. Jede zur Tat geborene Versuchung ist ein Einbruch in Gottes Plan für seine Kinder.

Ein Mensch, der Gott kennt und dem sein Wort, die Bibel, viel bedeutet, kann auch in Grenzsituationen auf die Worte seines Vaters zurückgreifen: als Kranker und Sterbender, als Depressiver, als einer, der von anderen unter Druck gesetzt wird, als Zweifelnder und auch als Christ, der in schwere Sünde fiel und dem der Versucher suggeriert, es gäbe kein Zurück zu Gott — nur ein Vorwärts in der Sünde!

Die Worte Gottes reden von Gnade, Erbarmen, Trost, decken die Schuld auf, und nach Umkehr, Vergebung und Heilung für immer zu.
»Es steht geschrieben« — das sind Worte, die Geltung und Kraft besitzen, wo im Leben und Sterben alles andere zerfällt.

Was taten Menschen alles
für Brot...

Was taten Menschen alles
für Macht...

Was taten Menschen alles,
um Gott herauszufordern...

Sie widerstanden keiner
Versuchung.

Jesus Christus weigerte sich, auf
die Versuchung einzugehen.

Sein unbefleckter Charakter
war frei
von jenen dunklen Stellen,
deren Tiefe der Versucher
im Menschen auslotet
und benutzt.

Er konnte sagen:
»Es steht geschrieben.«

Denn nicht vom Brot allein lebt der Mensch
sondern von jedem Wort Gottes.

Er kannte Seinen Vater
und liebte Sein Wort
in der Zeit seines Menschseins,
das Er auf sich nahm aus Liebe
zu den Verlorenen Kindern
Seines Vaters.

Zur Herkunft der Bibel

Die Bibel ist die einzige von Gott offenbarte und autorisierte schriftliche Information: »So spricht der Herr, der Gott Israels: Schreibe dir alle Worte in ein Buch, die ich zu dir rede« (Jer 30,2). Als der erhöhte Herr befiehlt Jesus: »Schreibe, denn diese Worte sind wahrhaftig und gewiß« (Offb 21,5).

Dem Wort der Bibel darf weder etwas hinzugefügt noch etwas davon weggelassen werden (Offb 21,18-19), darum sind alle anderen als Offenbarung bezeichneten Bücher (z. B. das Buch Mormon der Mormonen, der Koran des Islam) menschliche Erfindungen.

In Galater 1,8 wird die Einzigartigkeit biblischer Offenbarung herausgestellt und auch die Konsequenz jeder Veränderung der Botschaft durch Menschen genannt: »Aber wenn auch wir oder ein Engel vom Himmel euch würde Evangelium predigen anders als wir euch gepredigt haben, der sei verflucht.«

Die Herkunft der Bibel ist menschlich letztlich nicht begreifbar, auch wenn dies manchmal so anklingt (Lk 1,1-4). Es bleibt für uns ein unergründliches Geheimnis, wie die Informationsübertragung von Gott zu den Schreibern der Bibel geschah. Die Ausdrucksweisen »ich (= Gott) lege meine Worte in deinen Mund« (Jer 1,9), »des Herrn Wort geschah zu mir« (Hes 7,1) oder »ich (= Paulus) habe es durch eine Offenbarung Jesu Christi empfangen« (Gal 1,12) vermitteln uns den gewissen Eindruck, daß wir es bei der Bibel mit einer göttlichen Informationsquelle zu tun haben, aber auf welche Art und Weise die Schreiber den Inhalt der Botschaft empfangen haben, bleibt verborgen.

Die göttliche Seite der Bibel: Die eigentliche Urheberschaft der Bibel ist göttlich. Nach 2. Timotheus 3,16 ist alle Schrift von Gott eingegeben (griech. theopneustos = »gottgegeistet«, von Gott und dem Heiligen Geist gegeben, von Gott eingehaucht). Die Informationsquelle ist Gott der Vater, der Sohn Gottes und der Heilige Geist:

a) Gott der Vater: »Nachdem vorzeiten Gott manchmal und auf mancherlei Weise geredet hat zu den Vätern durch die Propheten, hat er in diesen letzten Tagen zu uns geredet durch den Sohn« (Hebr 1,1-2). b) Jesus Christus: »Sehet zu, daß ihr den (= Jesus) nicht abweiset, der da redet. Denn wenn jene nicht entronnen sind, die Gott abwiesen, als er auf Erden redete, wieviel weniger wir, wenn wir den (= Jesus) abweisen, der vom Himmel redet« (Hebr 12,25). c) Der Heilige Geist: »Von dem heiligen Geist getrieben, haben Menschen im Namen Gottes geredet« (2 Petr 1,21).

Die menschliche Seite der Bibel: Das Wort Gottes liegt uns in »irdenen Gefäßen« vor, d. h. die göttlichen Gedanken von der Unausforschbarkeit der Wege Gottes, der Unfaßbarkeit seiner Liebe und Barmherzigkeit sind in der begrenzten Ausdrucksfähigkeit menschlicher Sprache wiedergegeben, dennoch sind die Worte erfüllt von »Geist und Leben« (Joh 6,63). (11)

Gott vollendete am siebten Tag sein Werk, das er gemacht hatte, und er ruhte am siebten Tag von all seinem Werk, das er gemacht hatte. 1.Mose 2,1

Jesus Christus spricht: Ich bin das Alpha und das Omega, der Erste und der Letzte, der Anfang und das Ende.
Offenbarung 22,13

Wie kann ich mir den Himmel vorstellen?

Alle menschliche Vorstellungskraft reicht nicht aus, um sich die Herrlichkeit des Himmels vorstellen zu können. Paulus wurde ein Blick bis in den dritten Himmel (2 Kor 12,2) gewährt. Er schreibt in anderem Zusammenhang von der verborgenen Weisheit Gottes, die uns der Geist Gottes schon hier auf Erden kundtut, und bemerkt dazu: »Was kein Auge gesehen hat und kein Ohr gehört hat und in keines Menschen Herz gekommen ist, was Gott bereitet hat denen, die ihn lieben« (1 Kor 2,9).

Wieviel mehr gilt diese Beschreibung für die sichtbare Herrlichkeit Gottes und für den Himmel! Die Bibel vermittelt uns kein vollständiges Bild des Himmels, dennoch zeichnet sie ihn in vielen Facetten, von denen wir hier einige betrachten wollen. Der Glaube darf es im Vorgeschmack wahrnehmen, das Schauen wird unbeschreiblich sein.

1. Der Himmel, ein Reich: Alle Reiche dieser Welt vergehen, ihre irdische Macht ist nur begrenzt. Das Deutsche Kaiserreich von 1871 hat keine fünfzig Jahre erreicht. Das Dritte Reich wurde als das Tausendjährige propagiert, aber es endete nach 12 Jahren in Schutt und Asche. Der Himmel hingegen ist ein ewiges Reich (2 Petr 1,11), das kein Ende haben wird. Es ist ein »unbewegliches Reich« (Hebr 12,28). Es ist das ersehnte himmlische Vaterland (Hebr 11,16), in dem die Herrschaft Gottes mit einer vollkommenen Regierung restlos anerkannt werden wird. Die zu Christus Gehörigen werden mit ihm regieren von Ewigkeit zu Ewigkeit (Offb 22,5; Lk 19,17 + 19).

2. Der Himmel, das Vaterhaus: Im Gegensatz zu allen irdischen Häusern und Wohnungen ist der Himmel ein unvergänglicher Ort: »Denn wir haben hier keine bleibende Stadt, sondern die zukünftige suchen wir« (Hebr 13,12). Diese Stadt hat Gott selbst zubereitet (Hebr 11,16b), und der Herr Jesus ist der Gestalter des ewigen Domizils: »In meines Vaters Hause sind viele Wohnungen ... Ich gehe hin, euch die Stätte zu bereiten« (Joh 14,2). Alle, die zu Christus gehören, haben hier ewiges Bürgerrecht; sie sind Gottes Hausgenossen (Eph 2,19).

Im »Vaterunser« heißt es: »Unser Vater in dem Himmel« (Mt 6,9) und in Johannes 17,24 betet der Herr Jesus: »Vater, ich will, daß, wo ich bin, auch die bei mir seien, die du mir gegeben hast, auf daß sie meine Herrlichkeit sehen.« Der Himmel ist unser Vaterhaus, weil Gott dort wohnt (1 Mo 24,7; Ps 115,3; Mt 6,9). Es ist ebenso die Wohnstätte Jesu. Von dort ist er zu uns in die Welt gekommen (Joh 3,13; Joh 6,38), und dorthin ist er nach seiner Himmelfahrt wieder aufgenommen (Lk 24,51; Apg 1,11). Bei seiner Wiederkunft in Macht und Herrlichkeit wird er von dort kommen und die Seinen zu sich nehmen.

3. Der Himmel, unsere Heimat: Während des letzten Krieges verloren Millionen von Ostpreußen, Pommern und Schlesiern ihre alte Heimat. Von Generation zu Generation wohnten die Menschen in diesen Gebieten bis zum Tag der Flucht oder der Vertreibung. Der Verfasser ist selbst Augenzeuge dieser schrecklichen Ereignisse. Wir Menschen sind auf Heimat angelegt. Nietzsche beklagte seine geistige Unbehaustheit mit den Worten: »Weh dem, der keine Heimat hat!« In dieser Welt gibt es nur eine Heimat auf Zeit, darum schreibt Paulus an die Philipper (3,20): »Unsere Heimat aber ist im Himmel, von dannen wir auch warten des Heilandes Jesus Christus, des Herrn.«

4. Der Himmel, Ort der Freude: Ein Hochzeitsfest ist auch nach irdischen Maßstäben ein Anlaß besonderer Freude. Der Himmel wird uns in der Bibel im Bild der Hochzeit als ein ewiges Fest der Freude beschrieben: »Lasset uns freuen und fröhlich sein und ihm die Ehre geben, denn die Hochzeit des Lammes ist gekommen, und seine Braut hat sich bereitet« (Offb

19,7). Jesus Christus, das Lamm Gottes, das geduldig die Sünde der Welt trug und sie am Kreuz tilgte, ist nun der Bräutigam und seine Gemeinde die Braut. Diese errettete Schar aus allen Völkern, Stämmen und Nationen beschreibt Jesus in Lukas 13,29: »Und es werden kommen von Osten und von Westen, von Norden und von Süden, die zu Tische sitzen werden im Reich Gottes.«

5. Der Himmel, Ort ohne Sünde: Unsere Welt ist durchdrungen von den Folgen der Sünde: Leid, Not, Schmerz, Geschrei, Krankheit, Krieg und Tod. Im Himmel aber wird »nichts mehr unter dem Bann sein« (Offb 22,3). Gott wird sein alles in allem, und er selbst macht alles neu: »Gott wird abwischen alle Tränen von ihren Augen, und der Tod wird nicht mehr sein, noch Leid, noch Geschrei, noch Schmerz wird mehr sein; denn das erste ist vergangen« (Offb 21,4). Bei solchem Blick kann Paulus auch zeitliche Trübsal erdulden: »Denn ich halte dafür, daß dieser Zeit Leiden der Herrlichkeit nicht wert sei, die an uns soll offenbart werden« (Röm 8,18).

6. Der Himmel, Ort der Krönung: Alles, was wir in diesem Leben im Namen des Herrn Jesu tun, hat eine ewigkeitliche Dimension. Es hat bleibenden Charakter. So kann Paulus am Ende seines irdischen Weges sagen: »Ich habe den guten Kampf gekämpft, ich habe den Lauf vollendet, ich habe den Glauben gehalten! hinfort ist mir bereit die Krone der Gerechtigkeit, welche mir der Herr, der gerechte Richter, an jenem Tage geben wird, nicht mir aber allein, sondern auch allen, die seine Erscheinung liebhaben« (2 Tim 4,7-8). Von solcher Krönung spricht auch der erhöhte Herr in Offenbarung 2,10: »Sei getreu bis an den Tod, so will ich dir die Krone des (ewigen) Lebens geben.«

7. Der Himmel, unser Ziel: Das höchste uns Menschen gesetzte Ziel ist: Durch den Glauben an Jesus den Himmel zu erreichen. In 1. Petrus 1,8-9 weist der Apostel auf dieses Ziel hin: »Ihn (Jesus) habt ihr nicht gesehen und habt ihn doch lieb; ... und freuet euch mit unaussprechlicher und und herrlicher Freude, die ihr das Ziel eures Glaubens davonbringt, nämlich der Seelen Seligkeit.« (12)

Ewigkeit — oder: »Es wird keine Zeit mehr sein«

Alt ist er geworden, dieser Jünger aus dem engsten Kreis um den Herrn. Er ist schon ein alter Mann gewesen, als er seinen Bericht über das Leben Jesu geschrieben hat als ein sehr prägnantes, warmes Zeugnis von der Gottessohnschaft des Herrn Jesus. Sein ausgezeichnetes Gedächtnis hat die Reden Jesu bewahrt, und was die drei anderen Chronisten des Lebens Jesu — Matthäus, Markus und Lukas — nicht erwähnen, läßt Gott der Nachwelt durch Johannes überliefern, den Augenzeugen von Leben, Tod und Auferstehung Jesu.

Johannes ist bescheiden, wo die geschilderten Ereignisse seine Person berühren. Ihm geht es um Jesus, immer wieder um Jesus, den Sohn Gottes. Sein Evangelium ergreift seinen Leser, weil er selbst von der Person Jesu ergriffen ist.

Als Christus stirbt und aus den Toten aufersteht, ist Johannes dabei: Der Sterbende vertraut Johannes seine Mutter an. Als die Jünger als »Apostel«, als Botschafter Christi, ausziehen und die ersten Gemeinden gründen, ist er einer von ihnen. Als »der Älteste« schreibt er Briefe, erfüllt von der Person seines Herrn, an die Menschen, denen seine Fürsorge und Zuneigung gilt.

Und nun, alt, sehr alt geworden, erlebt Johannes den Zangengriff der römischen Oberherrn, die die aufblühende christliche Lehre ersticken, tottreten, ausmerzen wollen. Der alte Mann wird auf die einsame Felseninsel Patmos in der Ägäis verbannt.

Auf Patmos leben die Zwangsarbeiter der Cäsaren, der Herrscher über das Römische Reich. Die Bergwerke des Reiches schlucken die Kriminellen und Unerwünschten. Christen sind unerwünscht. Hier lebt Johannes, der Alte.

Welchen Menschen begegnet er auf Patmos, welche Schicksale sieht er, muß er dort arbeiten oder schützt ihn sein Alter? Fragen über Fragen, die Johannes uns nicht beantwortet. Wieder schweigt er sich aus über seine Person. Sein Thema ist und bleibt Christus.

Auf dem öden Patmos, der Insel aus Felsen, die das Leiden der Menschen ohne Spur und Widerhall an sich vorüberziehen lassen, erlebt Johannes eine Begegnung mit Christus, die das Jetzt verdrängt und ihn in weite Fernen führt, in die Zukunft und an den Rand der Ewigkeit.

Ihm wird eine Offenbarung der zukünftigen Geschehnisse anvertraut. Gott zieht den Vorhang, der die Zukunft vor den Augen der Lebenden verbirgt, ein Stück beiseite, und Johannes schaut die Schrecken der zukünftigen Jahrtausende bis zur bitteren Neige. Er sieht die Höllenfeuer der Menschen rauchen: Scheiterhaufen der Inquisition, Vergasungsfabriken, bis zu jener Hölle in der Ewigkeit, deren Leiden sich Menschen selbst wählten und bereiteten. Denn sie nahmen Gottes Erlösung nicht an ... Johannes sieht die endlosen Menschenketten ... Er sieht den Untergang der Erde, den Untergang des Großen Widersachers Gottes, Satan, mit der versinkenden Schar der kleinen Widersacher Gottes, der Menschen, die Gott in ihrem Leben ablehnten.

Diese Schau kann nur ein Mensch ertragen, der viel gesehen hat in seinem Leben. Welche Greuel hat Johannes erleben müssen unter Kaiser Nero, unter Kaiser Domitian? Was hat er gesehen? Johannes schweigt.
Vergangen, vorbei — wie die Spuren der Menschen von Adams Abstammung vergehen werden mit dem erlöschenden Planeten Erde. Ein neuer Himmel, eine neue Erde und die Menschen, die in ihrem Leben durch das Blut Christi passend und neu gemacht sind — und dort in diesem Himmel ohne die Anfechtung der Sünde, ohne Versuchung, ohne Tod. Wer das gesehen hat, dreht sich nicht mehr um zum Grauen der Vergangenheit.

Vorbei das Alte — das Offenbarungsbuch des Johannes eröffnet in den letzten Kapiteln den Blick auf die Ewigkeit in klaren Umrissen ihrer Herrlichkeit, im Abglanz und in Raum und Zeit nie gekannter Reinheit. Gott ist anwesend. Der Ring schließt sich in immerwährender Vollendung. Ewigkeit. Mit mir. Oder ohne mich.

Johannes' Auftrag ist erfüllt. Ein letztes Mal appelliert der große alte Mann aus der Jünger- und Augenzeugenschar um Christus an seine Zeitgenossen und an die zukünftigen Zeugen der angekündigten Ereignisse:

»Wen da dürstet,
der komme.
Wer da will,
nehme das Wasser
des Lebens umsonst.«

(Offenbarung 22,17)

Fata morgana
webt Zaubergewebe
schimmernder Städte
lockender Wasser
an die flirrende Grenze
zwischen Wüste und Himmel.
Durst
nach Leben.
Fata morgana!

Satisfaction in
action — action — satisfaction
hier für euren
Durst.
Befriedigung in
action — action — satisfaction
in action — action ...

Komm, komm
spiel das Spiel mit uns
das Luftspiel, das Lustspiel
nur ein paar Stunden,
einen Tag,
die Nacht voll Feengesang.
Reich uns die Hand.
Die Nacht nahm sie fort
Fata morgana.

Schritte tasten
in die Abgründe
geborstener Zisternen.
Der Durst
bleibt
und der Durstende
in der Wüste.

No satisfaction in
action — action ...

Einer
ging voran.
Schritte in der Wüste
die kein Glutwind verweht
und der Atem der Wüste
nicht verzehrt.

Einer.
Wen dürstet,
der geht
Schritte ins Leben
in der Spur
Seiner Füße.

Komm!

Schritte ins Leben

Wir gehen so viele Schritte in unserem Leben. Sie führen uns in Irrgärten, auf Neben- und Hauptstraßen, manchmal Einbahnstraßen ... Wir machen Marathonläufe mit Kreisrichtung, und manche Wegpartien bewältigen wir schneckenartig unter schweren Lasten, andere ameisenemsig-besorgt um viele Dinge. Wir erkennen uns plötzlich als Irrläufer, verlieren die innere und äußere Balance als Seiltänzer des Lebens.

Fata morgana-Wege ... Lebens-Wege?
Jeder Schritt auf diesen Wegen ist ein Schritt weg vom Leben — dem Lebensende zu. Gott bietet uns etwas anderes an.
Er hat für uns
Schritte ins Leben vorbereitet durch Seinen Sohn.
Er wartet auf uns, die Verlorenen Kinder.
Er wartet auch auf Sie!
Gehen Sie Ihm entgegen.
Heute!

Großer Gott im Himmel,
du hast die Himmel
und die Erde gemacht
und mich.
Großer Gott — ich habe
Durst nach Leben —
Lebenswasser —
und alle Ersatz-
befriedigungen der Welt
konnten meinen Durst nicht löschen.

Mein Durst nach Frieden
mit dir, meinem Schöpfer,
hat mich suchen lassen nach diesem
Lebenswasser. Es fließt in dir.
Danke, für die Stille
nach dem Durst.
Danke für die Vergebung
meiner Sünden, meiner Schuld.
Danke, für ein Leben
und eine Ewigkeit
mit dir.

Quellenangaben

(1) Werner Gitt, Das biblische Zeugnis der Schöpfung, Hänssler Verlag, S. 72

(2) Werner Gitt, Das Fundament, Hänssler Verlag, S. 186-188

(3) Werner Gitt, Logos oder Chaos, Hänssler Verlag, S. 69, 70, 122

(4) Werner Gitt, Denken, Glauben, Leben, Hänssler Verlag, S. 62, 63

(5) Werner Gitt, Energie — optimal durch Information, Hänssler Verlag, S. 123, 124

(6) Werner Gitt, in Wegweisung, Nr. 7/8, 1989, S. 285

(7) Werner Gitt + Karl-Heinz Vanheiden, Wenn Tiere reden könnten ..., CLV Verlag, S. 24-26

(8) Werner Gitt + Karl-Heinz Vanheiden, Wenn Tiere reden könnten ..., CLV Verlag, S. 106-111

(9) Werner Gitt, Fragen, die immer wieder gestellt werden, CLV Verlag, S. 16-18

(10) Werner Gitt, Schuf Gott durch Evolution?, Hänssler Verlag, S. 55-57

(11) Werner Gitt, Fragen, die immer wieder gestellt werden, CLV Verlag, S. 114-116

(12) Werner Gitt, Fragen, die immer wieder gestellt werden, CLV Verlag, S. 110-113

R. Bennet

Auf der Suche

CLV-Taschenbuch
96 Seiten, DM/sfr. 2.80

Wir Menschen sind Suchende — im schlimmsten Fall ein Leben lang. Ein Vakuum in uns drängt nach Erfüllung und treibt uns auf die Suche. In der Sehnsucht nach Befriedigung suchen viele das Heil bei der breiten Palette von Angeboten zwischen Konsumindustrie und östlicher Mystik — und stoßen immer wieder zurück auf die Leere in sich. Richard Bennet, bekannter Bibellehrer, zeigt engagiert, daß Gott von Anbeginn an einen Erlösungsplan mit dem Menschen verfolgt hat, und wie unser Suchen in Wahrheit unsere existentielle Sehnsucht nach Gott ist.
»Dieses Buch wird sich als unschätzbare Hilfe erweisen — sowohl für wirklich Suchende, um den Herrn zu finden, als auch für solche, die ihn bereits kennen.«

(Alan Redpath)